2016 年四川外国语大学后期资助项目，项目编号 sisu201661

2017 年重庆市教委人文社科规划项目，项目编号 17SKG114

《史记》的美学研究

薛红■著

北京大学出版社
PEKING UNIVERSITY PRESS
黑龙江大学出版社
HEILONGJIANG UNIVERSITY PRESS

图书在版编目（CIP）数据

《史记》的美学研究 / 薛红著. -- 哈尔滨 : 黑龙江大学出版社 ; 北京 : 北京大学出版社, 2020.6（2022.8 重印）
ISBN 978-7-5686-0402-4

Ⅰ. ①史… Ⅱ. ①薛… Ⅲ. ①中国历史—古代史—纪传体②《史记》—美学—研究 Ⅳ. ① K204.2

中国版本图书馆 CIP 数据核字 (2019) 第 203368 号

《史记》的美学研究
《SHIJI》DE MEIXUE YANJIU
薛　红　著

责任编辑　魏　玲
出版发行　北京大学出版社　黑龙江大学出版社
地　　址　北京市海淀区成府路 205 号　哈尔滨市南岗区学府三道街 36 号
印　　刷　三河市佳星印装有限公司
开　　本　720 毫米 ×1000 毫米　1/16
印　　张　14.5
字　　数　208 千
版　　次　2020 年 6 月第 1 版
印　　次　2022 年 8 月第 2 次印刷
书　　号　ISBN 978-7-5686-0402-4
定　　价　58.00 元

前言

《史记》研究在我国是一门显学。《史记》的影响是巨大的,从史学意义上讲,《史记》是我国第一部纪传体通史,这种纪传体的史书写作方式深刻地影响了后世的史书创作,历代史书的撰写基本上都沿袭了纪传体的写作体例。同时,《史记》不仅在历史层面,而且在文学、美学等方面亦有着深远的影响力。《史记》的文学性一直被广泛认可,唐宋以后,“史记学”渐成显学,从审美角度对《史记》的语言艺术、修辞艺术、叙事艺术进行评述的人很多,虽然这些研究在古代多以零散的形式呈现,但它们为近代以来学者对《史记》的系统性研究打下了基础。

司马迁怀有“究天人之际,通古今之变,成一家之言”的治史理想,具有体现了儒家思想倾向的审美观。《史记》作为史学著作,却同时具有进行美学研究的可能性,其原因就在于司马迁有以人为中心的历史观和脱离政治功利意味的文化观。正因为有这样的历史观和文化观,司马迁对《史记》中的人物评判,并不以其功业成败为依据,而是立足于其行为和品格。司马迁以人为中心的纪传体史书写作手法使人的形象得以完整凸显,同时,作品采用“寓论断于序事”、夹叙夹议和“太史公曰”直接评判的方式,对人物的形貌特点、精神特质、个性风采及人生态度进行品评,这在某种程度上与魏晋六朝的人物品藻相类似。人物品藻是带有审美目的的人物评价文本,具有那个时代的审美特征,开启了中国美学发展的新阶段。《史记》中的人物评价是作者司马迁本人的“一家之言”,但它并非妄言,而是建立在历史人物的生平事迹之上。《史记》中的人物评价并不以审美为目的,但在客观上具有一定的审美性,传神地呈现了人物的形貌、个性、人格和历史中人的生存状态。

司马迁对人物的评价,明确了人物的形貌特质、精神特性等富有美感之处,也使《史记》形成了一系列审美形象:帝王、英雄、功臣、士人、义士。它们反映出司马迁的思想倾向,符合其以儒家思想为主导的审美观,展现了人格之美、道义之美、时代之美、形象之美,成为中国美学史上得以延续的审美形象,出现在后世的诗歌、小说中及戏剧舞台上。

《史记》树立了自己的审美形象,由于具有文学性和情感性,它亦是一部具有整体性美感的艺术性著作。"雄浑劲健"是《史记》的整体性美感,也就是审美感受。"雄浑"与"劲健"是具有相似属性的一对审美范畴。"雄浑"与西方美学中的"崇高"和"悲剧"有一定的相关性:雄浑与崇高都具有广大感和力量性,但雄浑不具备崇高所引起的"痛感";悲剧是戏剧性的故事,某些具有崇高感的悲剧亦会令人有雄浑之感——或因其人物品格高贵,或因其故事形式恢宏,或因其命运坎坷无常。雄浑是一种壮美,具有贯通一气、浑然一体的气势,更具有体现作品内涵的美感。在《史记》中,司马迁以"究天人之际""通古今之变"所构建的天人命运交汇的浑茫无涯的命运感、悲剧感,通过个人以生命形态对悲剧的超越而表现出来。由此,《史记》呈现出纵贯三千年浑然一体的历史画卷,以及历史中人的不屈不挠、超越生死的生存状态。"劲健"以形式化的美感呈现,在《史记》中表现为情感的刚健明朗和叙事的简劲传神。

《史记》的审美性并非孤立存在的,而是契合了整个时代的审美感受。汉代审美往往予人以"大"的感觉,质而不华,以传神取胜,这与《史记》雄浑劲健的审美感受相一致。《史记》承续了中国人对历史人生的审美体悟,表现为历史的空幻感及崇高的生死观。此外,作品的审美选择表现为整体性的审美视角和审美性的道德评价。

本书提出了研究《史记》的另一重维度,对《史记》进行审美解读,也是对中国古代具体叙事类作品进行美学审视的一种尝试。

目　录

绪 论

一、《史记》研究历史回顾

《史记》被视为“二十四史之始”，其结构体例开历代史书创作先河，为后世史家所效法。因此《史记》研究在我国有着悠久的历史，被视为显学。对《史记》的研究历代均不乏人，其研究的发展历程及历代研究的重点比较明晰，所以本节仅对涉及审美方面的研究略做回顾。应该说，在近现代以前，有关审美方面的《史记》研究是比较零散的。

汉魏六朝时期，《史记》没有得到应有的重视。东汉中期以后，《史记》才逐渐得以流传，在此期间，人们对《史记》的评价并不非常正面，甚至以“谤书”目之，但是也提出了关于司马迁本人审美观的命题，即“爱奇”及叙事的“实录”精神。虽然此时人们对“奇”的理解没有深入到其真正的内涵，但是这也为《史记》的美学研究建立了一个起点。“爱奇”“实录”与司马迁本人提到的“发愤著书”均体现了司马迁的审美观和文艺观。

唐人对《史记》非常推崇，甚至以《史记》《汉书》《后汉书》为“三史”，列为科举考试的一科。此时对《史记》文学成就的推崇主要体现在对《史记》文字风格和叙事结构的学习上，如韩愈、柳宗元对《史记》文笔的学习借鉴，其中也涉及对其文章之美的欣赏。此外，唐代传奇小说借鉴了《史记》人物传记的写法。至宋代，印刷术的发明使《史记》的传播更加方便，苏洵提出了《史记》叙事的“互见法”，进一步开阔了后人对《史记》叙事艺术的认识。苏辙在文章中将司马迁的经历和《史记》的文章风格联系到一起，发掘了认识和评价《史记》的另一个角度。

元明时期，文人对《史记》的学习借鉴，表现为戏曲中“史记戏”对《史记》题材和故事的接受和修改，对《史记》故事戏剧性的进一步发挥，以及在小说创作上对《史记》写作手法和语言艺术的继承与延续。这一时期也是《史记》评论的兴盛期。明代由于文学复古运动的兴起，文人对《史记》极为推重，创作了一些有关《史记》的综合性评论，还有很多逐篇评点的文字。据统计，明代大约有三十余种评点类著述，它们充分肯定了《史记》的文学成就。同时明人还探讨了《史记》与小说的关系，金圣叹就是用读《水浒传》的方法读《史记》，又用读《史记》的方法读《水浒传》，并提出了《史记》“以文运事”的观点，进一步厘清了《史记》与小说的关系。

清代是《史记》研究的高峰期。由于文字狱多发，清人对《史记》的研究主要集中在考据校勘方面，在对《史记》文本进行评论时也对“太史公曰”的作用进行了概括，认为“太史公曰”表现了司马迁对历史的看法、对人物的评价，表明了作者的褒贬态度，比如牛运震的《史记评注》、邵晋涵的《史记辑评》等。此外，清人在明人提出的《史记》与小说关系问题的基础上做了进一步探讨，分析《史记》与《红楼梦》、《史记》与《聊斋志异》的关系。张竹坡就曾直接点出《金瓶梅》就是一部“史记”。清人对《史记》的文学成就也进行了评论，其中桐城派的评论数量尤多，主要涉及《史记》的叙事和写人两大方面。

近现代以来，《史记》研究取得了多方面的成果，很多学者在自己的著作中从不同方面展开论述，对《史记》的文学及美学方面的研究也发掘了更多的角度。他们关注司马迁本人的思想及其产生的历史根源，并开始着眼于探求《史记》研究的发展规律。

二、1949 年后的相关研究

鉴于《史记》在我国史学史及文学史上均占有重要地位，1949 年之后的相关研究极为兴盛，并且随着新的理论体系的建立和研究视角的引进，以《史记》为研究对象的论著非常多，以铺天盖地来形容都不为过。随着《史记》研究的继续深入,其研究视角也越来越多元化。在美学相关领域的研究中,笔者拟按学术论文类、硕博士论文类、著作类三个类别对其进行梳理。

(一)学术论文类

1949 年以后,研究《史记》的学术论文,从文学与美学角度着眼的主要有以下几种类型:

1.《史记》的文学性研究

杨丁友《论〈史记〉历史叙事的文学性特点》(《广西民族大学学报·哲学社会科学版》2008 年第 3 期)以文学视角审视《史记》中的历史叙事,分析了《史记》历史叙事的文学品格;张新科《〈史记〉文学经典的建构过程及其意义》(《文学遗产》2012 年第 5 期)对《史记》文学经典地位的确立及发展过程进行了梳理;朱光宝《〈史记〉文学价值探源》(《求索》2005 年第 9 期)认为《史记》作为历史著作而具有重大文学价值的原因在于其价值取向具有正义性、远大性,其主题思想具有崇高性、深刻性。其他对《史记》文学性进行阐释和解说的文章还包括:《从“诗言志”到“史言志”——〈史记〉文学发生论》(高志明,《襄樊学院学报》2006 年第 1 期),《〈史记〉文学性界说》(刘凤兰,《包头职业技术学院学报》2005 年第 1 期),《浪漫与忧患的变奏——〈离骚〉〈史记〉文学精神论略》(孙秋克,《昆明师专学报》1992 年第 1 期),《历史的“实录”原则与文学的表现方法——〈史记〉的辩证艺术之一》(何旭光、李毅凌,《信阳师范学院学报·哲学社会科学版》1987 年第 1 期),《〈史记〉是一部百科全书式的历史文学巨制》(李炳红,《江汉大学学报·社会科学版》1988 年第 2 期),《〈史记〉文学特质研究中的几个问题》(张强,《陕西师范大学学报·哲学社会科学版》2016 年第 1 期),等等。其共同点是都对《史记》的文学性进行了阐释,有些学者甚至认为《史记》多有虚妄之言,与其称之为一部史学著作,不如说它是一部文学著作。这种观点或许偏颇,但也说明了《史记》具有文学性是明确的,很多研究也正是立足于这一结论才得以成立的。

2.《史记》中的心理描写研究

汪耀明《论〈史记〉的心理描写艺术》(《盐城师范学院学报·人文社会科学版》2011年第2期)认为,《史记》描写人物,注意反映人物内心的喜怒爱憎和行动的思想依据,表现出了人物感情的变化和思想矛盾斗争的历程,能把人物心理描写自然融入叙事之中,用细微的动作和精美的语言反映人物在特定环境中的心理活动,也能以人物独白的方式来倾诉其心灵情感,从而真实深刻地展现出人物的内心世界。其他探讨《史记》中人物的心理描写、揭示人物心理状态的如《〈史记〉心理描写探讨》(施伟忠,《淮北煤师院学报·社会科学版》1988年第Z1期),《〈史记〉楚汉战争中虞姬与吕后描写的深层心理阐释》(王晓红,《渭南师范学院学报》2011年第1期),《从〈史记·刺客列传〉豫让故事看其行刺的心理动机》(李少慧,《文学界·理论版》2010年第8期),《〈屈原贾生列传〉嫉妒心理探析——〈史记〉人物嫉妒心理分析系列之一》(韦爱萍,《渭南师范学院学报》2014年第14期),《〈史记〉人物心理描写艺术探微》(何梅琴,《平顶山师专学报》1998年第1期),《略论〈史记〉人物的心理刻划》(朱一清,《安徽大学学报》1979年第3期)等。心理描写实际上也是人物塑造的一种方式,因其在《史记》研究中篇幅甚多,故此专门分类说明。

3.《史记》的写人艺术及人物形象研究

赵明正《〈史记〉写人艺术新探——遵循人性逻辑来表现人》(《湖北民族学院学报·哲学社会科学版》2003年第5期)从人性的角度把握《史记》,论述《史记》遵循人性逻辑来表现历史人物,写出了人物形象的多面性和丰富性,并对人物心理进行传神写照,肯定人的自由天性,对“人性恶”表达了独到的理解,强调司马迁对历史中的人、“人”之为人的多维特性进行了阐释,将史学提升到兼重人性的高度。秦明《〈史记〉写人艺术评析》(《湖北大学学报·哲学社会科学版》1991年第2期),张清萍《论〈史记〉写人的艺术》(《南昌教育学院学报》2010年第11期),贾行宪《谢朝华于已披　启夕秀于未振——〈史记〉写人独创性探析》(《十堰大学学报·社科版》1995年第2

期),肖振宇《〈史记〉人物性格论》(《齐齐哈尔师范学院学报·哲学社会科学版》1997年第6期),王增文《〈史记〉的写人艺术》(《渭南师专学报》1995年第2期)等均是从《史记》的写人艺术着手,看重阐释其写人手法的独特性。杨树增《〈史记〉人物形象的塑造特征》(《江西社会科学》1988年第6期),杨丁友《〈史记〉人物形象刻划技法谈》(《玉林师专学报》1997年第1期)等则对《史记》的人物形象塑造进行了分析。

除了对《史记》人物形象的总体塑造特征进行探讨之外,研究者对《史记》中出现的各种人物形象都进行过深入的研究。其中包括:女性形象研究,如姜和《近十年〈史记〉女性形象研究综述》(《渭南师范学院学报》2014年第14期),岳洋《简论〈史记〉中的母亲形象》(《齐齐哈尔师范高等专科学校学报》2007年第5期)等;游侠刺客形象研究,如《书、剑与酒及侠之大者——解读〈史记·刺客列传〉中荆轲形象的文化内涵》(唐红,《攀枝花学院学报》2008年第1期),《论〈史记〉中的侠客形象》(王庆,《长治学院学报》2011年第1期)等;战国四公子形象研究,如《论〈史记〉对战国四公子人物形象的塑造》(王静、张静,《大众文艺·理论》2008年第5期);项羽的形象研究,如《英雄气不短　儿女情更长——以〈史记〉中项羽形象分析为例》(康清莲,《社会科学论坛·学术研究卷》2009年第12期);刘邦的形象研究,如《〈史记〉刘邦形象浅析》(许晓燕,《汕头大学学报·人文社会科学版》2008年第4期);谋士的形象研究,如《论〈史记〉中的谋士形象》(李建霞,《黑龙江教育学院学报》2005年第5期);士人的形象研究,如《论〈史记〉中士的形象》(张群,《枣庄学院学报》2011年第3期);商人的形象研究,如《从〈史记〉看我国早期商人形象》(蔡建满,《湖南商学院学报》2006年第6期);孔子的形象研究,如《论〈史记〉对孔子形象与人格之形塑》(林素英,《中原文化研究》2013年第2期);屈原的形象研究,如《屈原形象的塑造与古典时代的浪漫主义传统——〈史记〉阅读札记之二》(党艺峰,《渭南师范学院学报》2011年第7期);韩信的形象研究,如《富贵而骄自遗其咎——论〈史记·淮阴侯列传〉中的韩信形象》(高岩,《绥化学院学报》2008年第6期);

等等。

4.《史记》的语言修辞艺术研究

杨树增《〈史记〉语言的艺术特征》(《东北师大学报》1988年第5期)论述道:司马迁对古奥的传统书面语进行改造,对社会流传的口头语进行了合理吸收,创造了通俗易懂、生动活泼又富有表现力的新的书面语,并用这种具有新规范的文言来塑造传记人物形象,使《史记》具有了独特的语言艺术表达特征。江秀玲《〈史记〉语言审美特征初探》(《陕西教育学院学报》1999年第3期)从语言艺术角度,论析了《史记》在写人叙事中的语言句式技巧:长短句相间,有参差之美;骈散句交替,有音韵之美;直陈与设问相杂,有语调之美;主动与被动句交错,有舒缓悠扬之美。此类作品还有杨光熙《论〈史记〉语言的尚简、尚韵和含蓄》(《浙江海洋学院学报·人文科学版》2015年第5期),安达《滑稽入传,深得语言三昧——〈史记〉语言艺术举隅》(《修辞学习》1987年第4期),王长顺《论〈史记〉的语言张力之美》(《理论导刊》2011年第11期),殷孟伦《试论司马迁“史记”中的语言》(《文史哲》1956年第2期),江秀玲《〈史记〉修辞艺术探微》(《陕西教育学院学报》1998年第3、4期),梁建邦《〈史记〉的夸张修辞》(《渭南师范学院学报》2001年第4期),吴礼权《〈史记〉史传体篇章结构修辞模式对传奇小说的影响》(《福建师范大学学报·哲学社会科学版》2008年第1期),马雅琴《论〈史记〉中引用修辞的艺术价值》(《西安文理学院学报·社会科学版》2005年第4期),张婷婷《〈史记〉中的修辞手法:顶真与反复》(《山西教育学院学报》2001年第4期)等。

研究《史记》语言的讽刺艺术的,有《论〈史记〉的讽刺艺术》(何梅琴,《宜春师专学报》1998年第6期),张学成《试析〈史记·酷吏列传〉的讽刺艺术》(《齐鲁学刊》2011年第5期),《从司马迁笔下的汉武帝看〈史记〉的讽刺艺术》(何平安,《青海师专学报》1984年第2期)等。

5.《史记》的叙事艺术研究

史常力《〈史记〉叙事中的“蝴蝶效应”》(《东北师大学报·哲学社会科

学版》2009年第3期)认为,很多小事虽不直接与历史的主要情节发生联系,但在整个《史记》叙事中却是重要的环节,缺少这些看似微小的事件,不仅其情节结构上会有缺陷,而且会极大地影响历史意义的解释与表达。有相当一部分微小事件在《史记》叙事中逐渐发展,最后演变成足以影响历史进程的重大事件,形成叙事中的“蝴蝶效应”。此外,杨丁友《“其文直,其事核”——〈史记〉叙事特点研究》(《玉林师范学院学报·哲学社会科学》2007年第2期),凌朝栋《论司马迁〈史记〉叙事中的照应——以〈史记·项羽本纪〉重要叙事写人照应关系为例》(《渭南师范学院学报》2014年第10期),侯文学《〈史记〉叙事的都邑意识》(《兰州大学学报·社会科学版》2012年第5期),刘宁《论〈史记〉叙事中的三类情节及其组合意义》(《社会科学家》2007年第2期),张宏军《论〈史记〉叙事法中的虚拟性特征》(《新疆师范大学学报·哲学社会科学版》2001年第2期),刘新生《〈史记〉的叙事特点及小说因素分析》(《齐鲁学刊》2011年第2期),高萍《〈史记〉人物传记叙事时间模式研究》(《社会科学研究》2002年第6期),纪丽真《特异性追求:〈史记〉的叙事策略》(《齐鲁学刊》2003年第4期),王增恂《〈史记〉的叙述人问题和时空问题——从西方叙事学理论看〈史记〉的文学价值》(《广西师范大学学报·哲学社会科学版》1989年第S1期),凌朝栋、凌璐丝《〈史记〉人名称呼变化与叙事之关系——以〈项羽本纪〉中对项羽称呼的变化为例》(《渭南师范学院学报》2015年第15期),党大恩《〈史记〉与中国叙事传统》(《渭南师范学院学报》2002年第3期),杨丁友《〈史记〉“互见法”艺术论》(《河南社会科学》2008年第4期)等对《史记》的叙事方式和叙事手法进行了全方位的探讨和阐释。

6.《史记》的抒情性研究

《史记》的抒情性亦即《史记》的情感性,是《史记》的文学性研究和审美性研究得以存在的基础。

此类研究主要有:马鸿英《爱与恨的历史吟唱——谈〈史记〉的抒情特征》(《内蒙古教育学院学报》1995年第1期),刘德煊《〈史记〉的抒情特征》

(《西南师范学院学报》1985 年第 3 期),永民《〈史记〉描述的抒情功能臆说》(《青海师范大学学报·哲学社会科学版》1991 年第 1 期),郭春林《〈史记〉的抒情方式论略》(《船山学刊》2009 年第 2 期),张斌荣《论〈史记〉的情感魅力》(《烟台师范学院学报·哲学社会科学版》2004 年第 4 期),晓理《审美情感在〈史记〉中的作用及其特点》(《陕西师大学报·哲学社会科学版》1991 年第 2 期)等。

7. 从作者角度切入进行的研究

通过研究作者的经历和思想来透视作品,或者通过作品来感知及获取作者的各种信息,是《史记》研究的一个重要方面。除了审视司马迁的历史观,亦有作品从文学、文化等方面对其进行研究。

刘振东《论司马迁之"爱奇"》(《文学评论》1984 年第 4 期)从"爱奇"的内涵、价值、表现手法及其对中国叙事文学的影响等方面对《史记》进行探讨。姚亦登《司马迁〈史记〉的人文情怀》(《渭南师范学院学报》2015 年第 11 期)亦是将《史记》文本和作者本身的经历相结合,论述司马迁的人文情怀。其他相关研究还有:《从〈史记〉看司马迁的社会治理观》(屈琦,《渭南师范学院学报》2015 年第 19 期),《司马迁的经历与〈史记〉的文学性》(卢红霞,《文学界·理论版》2011 年第 7 期),《略论司马迁爱奇反经及其〈史记〉之文学特质》(张丽丰,《安徽文学·下半月》2009 年第 5 期),《生命的抗争——从〈史记〉探索司马迁的内心世界》(吴万贵,《湖北广播电视大学学报》2014 年第 6 期),《试论司马迁以道统抗衡政统的精英意识——以〈史记〉项羽形象为中心》(郭院林,《北京大学学报·哲学社会科学版》2014 年第 3 期),《从〈史记〉看司马迁的理想人格》(周梦馨,《文学教育·上半月》2014 年第 7 期),《从〈史记·游侠列传〉谈司马迁的侠义观》(刘冬,《剑南文学》2013 年第 10 期),《从司马迁士人观看〈史记〉列传写作》(李舒婷,《文学界·理论版》2012 年第 5 期),《〈史记〉中司马迁思想感情的表露艺术》(梁建邦,《渭南师范学院学报》2011 年第 1 期),《略论司马迁的好奇与〈史记〉叙事之奇美》(王渭清,《河南科技大学学报·社会科学版》2003 年第 2 期),

《从〈史记〉“志怪笔法”透视司马迁的情感因素》(赵明正,《云南师范大学学报·哲学社会科学版》2003 年第 6 期),《司马迁受刑及其对〈史记〉的影响》(李德元,《汉中师院学报·哲学社会科学版》1993 年第 2 期),《司马迁漫游的外境阅历对创作〈史记〉的重要意义》(袁伯诚,《宁夏社会科学》1987 年第 2 期)等。

8.《史记》论赞研究

论赞是司马迁结合前代史传中“君子曰”的形式所创的对历史人物及史实进行评论的一种文字形式,也就是《史记》中的“太史公曰”。“论赞”能体现作者的史才、思想及看法,故历来受到研究者的重视和关注。它对后来古代小说的创作也有非常深远的影响,历代研究者众,新中国成立以来的论赞研究也出现了很多新的视角。

此类研究主要有:张浩兰《〈史记〉中“太史公曰”之人文观照》(《内蒙古大学学报·人文社会科学版》2008 年第 1 期),杨玲《司马迁评商鞅探微——兼论〈史记〉“太史公曰”的独立价值》(《兰州大学学报·社会科学版》2012 年第 5 期),侯文华《〈史记〉“太史公曰”文化渊源考论》(《渭南师范学院学报》2012 年第 5 期),俞樟华《试论〈史记〉中的“太史公曰”》(《浙江师范学院学报》1982 年第 2 期),常品《诗化叙事:〈史记〉论赞的另一种解读》(《求索》2015 年第 4 期),崔积宝《谈〈史记〉论赞中的情感》(《哈尔滨学院学报·社会科学》2002 年第 5 期),张大可《简评史记论赞》(《青海社会科学》1983 年第 6 期),谌东飚《〈史记〉论赞对古代杂文文体的影响》(《云梦学刊》2007 年第 1 期)等。

9.《史记》的传承研究

此类研究探讨《史记》受到的史传作品如《左传》《国语》《战国策》等的影响,以及与《汉书》的比较,主要从文学角度着眼。

柯马丁、林日波《汉史之诗:〈史记〉、〈汉书〉叙事中的诗歌含义》(《中国典籍与文化》2007 年第 3 期)讨论《史记》《汉书》叙事当中包含的许多历史人物的即兴诗歌表演。此层面的研究还有:刘德杰《〈史记〉〈汉书〉人物个性比较》(《河南社会科学》2007 年第 2 期),代莉莉《〈史记〉、〈汉书〉的叙事研究》(《贵州民族学院学报·哲学社会科学版》2010 年第 3 期),徐金凤《〈史记〉、〈汉书〉悲剧人物形象的写作比较》(《福建师范大学学报·哲学社会科学版》1990 年第 1 期),曾小霞《从〈史记〉和〈汉书〉看汉代文学之演变》(《山西师大学报·社会科学版》2012 年第 3 期),蔡镜浩《精心剪裁　字字斟酌——〈史记〉、〈左传〉对比评议》(《当代修辞学》1985 年第 4 期),张新科《史传文学中人物形象的建立——从〈左传〉到〈史记〉》(《陕西师大学报·哲学社会科学版》1988 年第 1 期),可永雪《论〈史记〉在叙事上对〈左传〉的继承和发展》(《内蒙古师大学报·哲学社会科学版》2000 年第 1 期),毕熙燕《〈史记〉对〈战国策〉的吸收与改造》(《新疆师范大学学报·社会科学版》1983 年第 1 期),高晓颖、陈为科《〈史记〉与〈战国策〉人物描写的艺术技巧之比较研究》(《赤峰学院学报·汉文哲学社会科学版》2014 年第 5 期),何花《〈国语〉和〈史记〉中越王勾践形象比较》(《渭南师范学院学报》2015 年第 3 期)等。

10.《史记》与小说的关系研究

《史记》的文学性、叙事手法影响了后世的小说创作,在古代小说的发展历程中具有非常重要的作用,这方面的论文有从小说史发展的角度来论述《史记》影响的,亦有从《史记》对中国古代著名小说的影响和二者关系角度出发进行论述的。这些研究主要从文学方面着眼,尤其重在探讨《史记》的写作手法、写人艺术、叙事构架等方面对小说的影响。

此类研究主要有:梅新林、俞樟华《〈红楼梦〉与〈史记〉:实录精神与托愤精神的二重变奏》(《浙江社会科学》1997 年第 5 期),张次第《论〈三国演义〉对〈史记〉笔法的继承》(《河南师范大学学报·哲学社会科学版》2005 年第 6 期),许勇强、李蕊芹《试论〈史记〉人物传记对〈水浒传〉叙事的影响》(《四川理工学院学报·社会科学版》2008 年第 1 期),韩石《〈儒林外史〉的类传形式——兼谈与〈史记〉类传的联系》(《明清小说研究》2004 年第 3 期),康清莲《侠义复仇精神从史传到小说的嬗变——以〈史记〉、〈聊斋志异〉为例》(《山东大学学报·哲学社会科学版》2014年第1期),吴礼权《〈史记〉史传体篇章结构修辞模式对传奇小说的影响》(《福建师范大学学报·哲学社会科学版》2008年第1期),马雅琴《〈史记〉与魏晋六朝志怪小说》(《渭南师范学院学报》2006年第6期),王增恂《小议〈史记〉与中国小说发展史中的断裂》(《广西民族学院学报·哲学社会科学版》1989年第2期),李万钧《〈史记〉与荷马史诗——中西长篇小说源头比较》(《文艺研究》1993年第6期),赵明正《〈史记〉的小说性》(《山西大学学报·哲学社会科学版》2001年第1期)等。

11. 从美学角度进行的研究

(1)作者的美学思想和审美观

叶幼明《试论司马迁的美学思想》(《求索》1986年第1期)认为,"真实"和"雅"是司马迁的审美标准,"爱奇"是司马迁重要的审美原则,它们反映了司马迁独特的审美趣味,"爱奇"使《史记》在思想内容和艺术表现方面都呈现出了与众不同的风貌。韩兆琦《司马迁的审美观》(《北京师范大学学报》1982年第2期)全面论述了司马迁审美观形成的条件,认为司马迁的审美观有其时代性,还有突出的独特性,主要表现在他分外喜爱悲剧英雄,喜爱那些对当时社会、对权势者、对严重的恶劣环境敢于抗争的特立独行的人物。黄亚卓《试论〈史记〉司马迁的理念审美理想》(《聊城大学学报·哲学社会科学版》2002年第3期)则通过作品来展示司马迁的理性审美理想。

(2)悲剧与崇高

悲剧和崇高都是属于审美范畴的美学概念。从悲剧角度对《史记》进行阐释的文章不算少,主要包括对《史记》整体悲剧风格和《史记》人物悲剧性进行的研究,单独讨论《史记》崇高之美的文章较少。

此类文章主要有:刘兴林《司马迁的生命意识与〈史记〉悲剧精神》(《武汉大学学报·哲学社会科学版》1999年第6期),江秀玲《〈史记〉悲剧人物论》(《唐都学刊》1993年第1期),赵明正《从人物临终语言看〈史记〉的悲剧美》(《山西大学学报·哲学社会科学版》2003年第5期),伏俊连《沉重苦涩的人生之旅——论〈史记〉中的凡人悲剧》(《西北师大学报·社会科学版》1994年第3期),关秀娇、林野《论司马迁的悲剧人格与〈史记〉人物性格之关系》(《吉林师范大学学报·人文社会科学版》2013年第6期),解明《浅谈〈史记〉人物的悲剧美与司马迁审美理想的形成》(《甘肃社会科学》1999年第4期),肖晓玲《从〈李将军列传〉看〈史记〉的悲剧色彩》(《宁波大学学报·人文科学版》1996年第2期),孙佰玲《女性生命悲剧的形象展示——〈史记·吕太后本纪〉新解读》(《汕头大学学报》2004年第5期),罗维《司马迁的死亡情结与悲剧意识——〈史记〉人物传记的死亡叙事分析》(《船山学刊》2006年第4期),王颖《从朗加纳斯的〈论崇高〉看司马迁的〈史记〉》(《江西科技师范学院学报》2007年第3期)等。

(3)生命意识与人生意义

生命意识是对人生的一种观照,应该说涵盖了人生意义的各个方面,包括对生命的态度、对个人选择的好恶、对道德人格的导向等等。

此类研究文章主要有:洪立平《从〈史记〉看司马迁的生死观》(《天津社会科学》1983年第3期),田劲松《论〈史记〉的生命人学主题》(《襄樊学院学报》1999年第6期),何颖、田劲松《生命主题的范本——试论〈史记〉生命主题的艺术表现》(《佳木斯大学社会科学学报》2001年第1期),夏敏《析〈史记〉中两位皇家女性的人生状态——从汉高祖的婚姻感情纠葛谈起》(《福建师大福清分校学报》2009年第1期),江君、高静《〈史记〉人物刻画的道德价值标准》(《安康学院学报》2011年第2期),池万兴、刘鹏《论〈史记〉以人为本的取人原则与价值取向》(《西藏民族学院学报·哲学社会科学版》2007年第1期)等。

(4)作者的哲学思想

作者的哲学思想对于一部著作而言是引领性的,它决定了作品的整体风格。严格来说,美学属于哲学范畴,笔者之所以在此把哲学思想列入美学研究范畴,是因为《史记》具有明确的文学性和情感性,因此《史记》所体现的哲学思想是面对人生和人性的,也是与美学研究范畴相关的。

此类研究主要有:郭明友《论道家思想在〈史记〉“一家之言”中的特殊地位》(《学术界》2008 年第 1 期),王长顺《论司马迁〈史记〉中的“和谐”思想》(《理论导刊》2009 年第 9 期),杨大忠《〈史记〉西汉史中天命神怪思想初探》(《船山学刊》2006 年第 2 期),赵玉柱《用史实阐释的“人本”哲学——略论司马迁〈史记〉的“人本”思想》(《德州学院学报》2003 年第 5 期),魏耕原《〈史记〉尚义精神论——兼论司马迁对孟子思想的继承》(《渭南师范学院学报》2015 年第 7 期),赵继宁《〈史记〉易学思想研究综述》(《渭南师范学院学报》2014 年第 6 期),郭庆海《〈史记〉的儒家人文精神》(《社科纵横·新理论版》2009 年第 2 期),朱国芬《论道家思想在〈史记〉中的发展》(《渭南师范学院学报》2014 年第 6 期),纪晓建《〈史记〉中道家思想占主导》(《株洲师范高等专科学校学报》2004 年第 3 期)等。这类研究主要讨论《史记》所体现的哲学思想,一般结论是其或属道家,或属儒家。

(二)硕博士论文类

2000 年以前以《史记》题名的专章硕博士论文由于资料匮乏,难以具陈,从 2000 年开始,专章研究《史记》的论文呈现不断增多的趋势,与公开发表的研究《史记》的期刊学术论文相较,二者的研究领域有重合之处。

就博士论文而言,2000 年至 2019 年,以《史记》题名的论文共有 32 篇,其中刘宁《〈史记〉叙事学研究》(2006)、任刚《〈史记〉人物取材研究——以战国为中心,兼及秦汉之际》(2007)、陈莹《唐前〈史记〉接受史论》(2009)、葛鑫《〈史记〉对四大名著的叙事影响研究》(2010)、蔡丹《古代诗人接受〈史记〉论稿》(2012)、王晓玲《清代〈史记〉文学阐释论稿》(2012)、曾小霞《〈史记〉〈汉书〉的叙述学及其研究史》(2012)、张亚玲《〈史记〉文学研究》(2013)、樊婧《〈史记〉在元代的传播接受研究》(2014)、刘金文《“春秋笔法”研究——以〈史记〉为例》(2016)、靳希《〈史记〉人物故事的戏剧重构——以楚汉战争主要人物为例》(2017)、张学成《汉武新政背景下的文学嬗变研究——以司马迁〈史记〉为例》(2017)等,是从文学及美学相关的角度对《史记》进行阐释和探讨。其中《清代〈史记〉文学阐释论稿》的作者来自中国古典文献学专业,其他均来自中国古代文学专业。他们在对《史记》进行文学性研究和阐释的同时,其实也用到了美学理论和视角。《唐前〈史记〉接受史论》《古代诗人接受〈史记〉论稿》《〈史记〉在元代的传播接受研究》运用了西方传播学和接受美学的理论。值得一提的是,《〈史记〉文学研究》从汉代的审美思潮切入,论述了司马迁本人的审美思想渊源与归属,从而对《史记》文本的结构形态、叙事艺术、语言特色进行了全面的总结和论述。由此也可以看出在对《史记》进行研究的过程中,文学、美学视角和理论的相互融合与交叉。

就硕士论文而言,其数量更多,从 2000 年至 2019 年题名含《史记》的论文有 453 篇,它们是否以文学角度或者美学角度来进行研究很难截然判断,这与期刊学术论文的情况也是相类似的,其涵盖的研究领域也大致重合。就与美学研究密切相关而论,硕士论文中大致有如下几个方面的内容:

(1)引入美学相关概念的研究:如张黎《论〈史记〉的悲剧性》(2005)、郭永朝《论司马迁〈史记〉的崇高美》(2006)、关秀娇《论〈史记〉的悲剧精神》(2007)、刘梅兰《〈史记〉与古典小说的创作心态和审美心理》(2007)、郭宁《〈史记〉中悲剧士人的形象意义》(2011)、毛素文《〈史记〉人物的阳刚美与阴柔美》(2011)、鲍晨《论〈史记〉一书的崇高美》(2014)、丁丽华《论〈史记〉的喜剧性书写》(2016)、佟珊珊《论〈史记〉中司马迁好“奇”的审美倾向》(2017)等。

(2)关于叙事艺术的研究:如许勇强《〈史记〉与〈水浒传〉叙事艺术比较研究——兼论〈水浒传〉的叙事艺术源流》(2004)、孟莹《〈史记〉讽刺艺术研究》(2011)、陈静文《〈史记〉与〈历史〉人物叙事比较研究》(2011)、文丹《论〈史记〉的想象艺术》(2014)、马凤《〈史记〉列传叙事策略研究》(2015)、王跃瑾《论〈史记〉的叙事模式》(2016)、渠艳《论〈史记〉的死亡叙事》(2019)等。

(3)有关人及人物形象的研究:如范明英《〈史记〉母亲形象研究》(2008)、卜超《司马迁〈史记〉人学思想研究》(2008)、苏高岩《从〈史记〉看司马迁对人的认识》(2008)、张金伟《〈史记〉人物之生死解读》(2011)、段宝华《〈史记〉中战国食客的形象塑造及其特点》(2012)、刘承礼《〈史记〉战国四公子的形象特点与人物塑造艺术》(2016)、刘菲《〈史记〉中的张良形象研究》(2018)、齐雪飞《试论〈史记〉对汉儒形象的塑造与建构》(2019)等。

(4)《史记》接受美学研究:如袁智勇《〈史记〉和元明戏曲小说中的刘邦形象研究》(2013)、何花《李白诗对〈史记〉的接受研究》(2015)、张萍《〈史记〉在〈红楼梦〉中的接受研究》(2016)、纪田田《唐宋派〈史记〉接受研究》(2017)等。

(5)《史记》美育研究:如赵素娟《〈史记〉与中学生的人格塑造》(2006)、李霞《〈史记〉作品审美教学略谈》(2007)等。

(三)著作类

《司马迁之人格与风格》(李长之著)是1948年出版的一本专门研究司马迁和《史记》的专著。古时流传下来的关于司马迁本人行止的史料并不多,只有《太史公自述》和《汉书》中的《司马迁传》,但其记述并不详尽,该书通过这些有限的史料对司马迁的人格、情感判断、哲学思想、审美观进行论述和判断,并对《史记》的文章风格和文学特质进行了分析。

《〈史记〉艺术美研究》(宋嗣廉著,东北师范大学出版社1985年版)认为,司马迁"发愤著书"的非"中和"美学思想渗透在整部《史记》之中,这是形成《史记》雄浑悲壮的美学风格的极其重要的因素。

《史记论稿》(吴汝煜著,江苏教育出版社1986年版)中,《论〈史记〉散文的艺术美——兼谈司马迁的审美观》一文系统地论述了《史记》散文的艺术美所在,认为"《史记》在当时具有无与伦比的美学价值。在整个中国古代文学史上,它在塑造人物形象和描写动人场面方面所显示的艺术水平也完全可以同标志中国古典小说最高成就的《红楼梦》相媲美"。

《〈史记〉与中国文学》(张新科著,商务印书馆2010年版)全书共十章,从具有鲜明的思想性,人物形象典型化、个性化,深入人物内心,具有美感效应等四种文学特质出发,分析展示了《史记》与中国古典散文、中国古典传记、中国古典小说、中国抒情文学、中国古典悲剧、中国浪漫主义文学、辞赋、中国民间文学的关系及其影响,并展现了《史记》的语言成就。

《司马迁评传》(张大可著,商务印书馆 2013 年版)解说了司马迁的生平事迹,对其文学成就和思想进行了分析和评论,并评价了司马迁和《史记》的历史地位。

《史记艺术研究》(杨树增著,学苑出版社 2004 年版)主要着眼于《史记》的艺术成就,对《史记》传记文学之开端的地位给予很高的评价,并分析评价了《史记》创作的基本原则和方法、《史记》创作的艺术构思、《史记》人物形象塑造的主要艺术手法、《史记》的语言、《史记》的艺术风格,以及对后世文学的影响等。

在其他并非专门论述《史记》的论著中,也有对《史记》美学有所提及和阐释的,如李泽厚、刘纲纪主编的《中国美学史》(中国社会科学出版社 1984 年版)在论述司马迁的美学思想时认为,《太史公自序》中所说的"舒其愤"或"舒愤懑","正是司马迁美学思想的核心和实质所在",这在"中国古代美学思想的发展上,有着划时代的深远的意义"。

张法的《中国美学史》(四川人民出版社 2006 年版)也提到司马迁的"发愤著书"说,认为司马迁以自己的亲身经历,悟出了世间的优秀作品都是发愤著书的结果,并通过"发愤"排解自己的郁结,获得心理的平静。这种"发愤著书"的思想在后世得到了发挥。

三、本书研究思路

《史记》成书以后的影响是巨大的。从史学意义上讲,《史记》是我国第一部纪传体通史,这种纪传体的史书撰写方式深刻地影响了后来的史书创作,《史记》以后的史书撰写基本上都沿袭了纪传体的体例。且《史记》的影响早已超越了历史层面,在文化、文学等方面都表现出深远的影响力。在文学方面,尤其是在对中国小说创作的影响上,《史记》具有源头性意义,这是已经获得公认的。在审美领域,《史记》也贡献了一系列深入人心的人物形象,霸王别姬、易水送别这样的场景至今依然作为富有美感的经典景象而流传。

以纪传体为主的史书撰写方式实际上是在以人为中心的历史观下进行的对人的书写。通过一个个传主所经历的事件呈现历史发展的整体脉络,以人为主的撰写方式彰显着人的处境和际遇。《史记》毋庸置疑首先是一部史书,史书成立的基础是真实,是记录历史上真实发生的事情。但是《史记》又是一部具有情感性的史书,这种情感性来自于作者司马迁的特殊际遇和其对传主所寄予的深切同情与感怀,它使司马迁以"发愤著书"的姿态进行写作。从《史记》作者本人的情感性和对历史人物的看法与评价出发,可知《史记》的文本其实具有审美性。自唐宋以来,"史记学"渐成显学,针对《史记》的文体、语言艺术、修辞艺术、叙事艺术等进行的研究很多,它们体现了研究者对《史记》叙事艺术的肯定。《史记》的美学风格亦会通过叙事所展现的形式、事件及人物所传递的核心内容而展现。

读者在阅读过程中可以感受到《史记》规模的宏大与司马迁"究天人之际,通古今之变,成一家之言"的治史理想。《史记》是写人的,其中的人物形象非常引人注目,这些人物本是真实的历史形象,经过司马迁的描写与评述之后,又成为具有审美意义的审美形象。在《史记》铺展开的历史时空中,一系列人物形象和经典场景不是以过往历史的形态躺在纸页中,而是传神地站立在中国人的心上,影响着我们的价值判断以及对人物品格形貌的欣赏。而《史记》是如何做到这一点的、历史形象是如何成为审美形象的、在美学发展过程中它们是怎样的一种存在,以及怎样对《史记》的整体性进行审美观照就是本书关注的重点。

"哲学是阐释生存意义的学科,美学从特殊的角度阐释了生存意义。哲学以超越性思考揭示了生存意义,美学通过对审美活动和审美现象的研究,揭示了生存的意义,它们殊途同归,都是对生存意义的揭示。”①本书期望通过梳理《史记》所体现的主体性审美意识和文本中人的生存状态、命运处境来完成对《史记》的美学研究,展现司马迁的审美思想和人物评价的审美意义,分析《史记》中的审美形象,从而揭示人的生存意义和本质,提取《史记》的整体性美感。

在厘清《史记》的研究历史和相关文献的基础上,可知已有的《史记》美学相关性研究往往从以下几个方面入手:(1)论述其文体叙事之美,即对《史记》叙事的艺术之美进行论述,关注其语言、修辞、结构、细节等;(2)论述司马迁的审美观、生死观及思想意识;(3)论述《史记》的悲剧性;(4)论述《史记》的抒情性;(5)论述其人物形象,或以《史记》中的某个形象着眼,论述人物的行为逻辑和人生意义,或以某一类形象比如女性、商人、士人、侠客等为主,论述其生活方式、人生轨迹与比较异同;(6)探讨其哲学思想,如受到哪些思想的影响、以什么样的形式表现;(7)以接受美学的观点,论述《史记》在历代的接受过程及其影响。

从已有的《史记》美学相关性研究中可得出如下共识:《史记》的文体及叙事之美受到公认;司马迁因个人的不幸遭遇而发愤著书,对历史中的人物寄予了深切的情感,以“爱奇”的审美标准,在文本中书写了一系列的悲剧性人物;《史记》文体对散文文体的发展具有重要影响;《史记》的叙事法对小说的发展有着极其重要的影响。本书在已有的《史记》美学研究的基础上,提出如下看法:

(1)《史记》中的人物评价(包括行文中的议论、判断以及“太史公曰”的内容)是司马迁个人在记录历史人物生平事迹的基础上进行的人物品评文字,它与人物品藻有相似之处:以非功利的目的进行人物评价,根据人物自身的行为进行论断,并且在人物之间进行比较品评,传神展示人物的人格形貌之美。

① 杨春时:《美学》,高等教育出版社2004年版,第6页。

(2)《史记》中的历史人物之所以能转化为审美形象,一方面得益于司马迁脱离政治形态对历史场景进行人文观照与刻写,另一方面得益于司马迁对历史人物持非功利性态度和立足于人物本身进行品评。《史记》中的审美形象包括帝王、英雄、功臣、士人、义士等。

(3)通过《史记》呈现于外的审美形象和审美场景,我们可以说《史记》表现出了一种整体性美感——雄浑劲健。雄浑劲健意味着作品风格上的壮美及作品内容所传达的健朗气质。《史记》通过历史展现人的生存状态和人类的命运感,这种命运感来自"究天人之际"的对天命和个人命运关系的探索,也来自"通古今之变"的个体在当时历史情景中的生存体验。它成就了一种独特的《史记》式经典性叙事模式,即情感表达的明确健朗和叙事风格的简劲传神。

(4)《史记》的审美并非孤立存在的,《史记》的审美世界承续着中国人对历史人生的审美体悟——历史的空幻感和崇高的生死观,延续着中国人文本作品的审美选择——整体性视角和道德性评价。

第一章
《史记》美学研究的可能性

第一节 美学的研究对象和范围

一、美学的概念

人类对美的感受由来已久,它应该是与人类的意识并存的。从原始人类涂刻的岩画到其使用的器皿及穿着的服饰都可以看出原始人类在追求生活实用性的同时,也在追求着美的装饰性。这是人类对美的表现形式的探索,而从理论上对"美"进行思考是从柏拉图开始的。

在著名的《大希庇阿斯篇》中,柏拉图明确表达了美的事物及其外观与美的本质的严格区别。本质的、完全客观的"美"是否存在,"美"究竟是什么,成为后来很多哲学家讨论的话题。哲学家对"美"的认识主要集中在两个方面:其一,美的形式的要求,即"美"需要满足形式上的和谐与悦目,早在毕达哥拉斯时代就已有了"美是和谐"的理念;其二,美的实质精神的要求,即美的内容的要求。康德从美的判断入手,提出了著名的审美判断四契机,彰显了"美"的再现过程中主体的重要性。黑格尔提出"美是理念的感性显现",把对"美"的形式要素的要求和精神内核的要求结合起来,强调美的形式要服从于理念或者精神,美通过形式表现出来。随着哲学家(美学家)们对美的认识的深入,现代美学已经不再关注"美"的实体,而倾向于认为美存在于不同的现象中,有不同的构成,或者存在于不同的关系中,或者存在于不同的主体认识中。美的本质、美自体是不可知的。"美"有"主体间性",存在于各个主体之间的交互渗透之中——或者是人与人,或者是人与物、物与物、人与环境、物与环境。

中国古代美学一直不能算作独立的学科体系,但是中国特质的审美研究却是实实在在存在的。中国古代学者们在面对“美”的时候,没有预设概念,也没有定义“美”这个本体存在,而是在不同的领域以不同的感性表述来代替“美”的概念进行阐释,比如诗词艺术的“意境”、书画艺术的“神韵”。中国人不说“美”,但“美”自在时时处处。我们的古人看重美的表现方式,看重人与物的关系,因此不同的艺术形式会呈现出不同的美感,给观众不同的审美体验和审美感悟,比如“兴观群怨”,比如在宇宙中的仰观俯察等。中国人在不同的艺术领域,像书法、绘画、诗歌、小说等,都有比较深入的体悟和研究。

美学(Aesthetics)的学科概念最早是由鲍姆加滕提出的。从词源学意义上解读美学,可以视之为感性学、情感学。从这个意义上来说,美学研究一开始就是和人类的情感分不开的,这在东西方都是一致的。从字面意思理解,美学是研究美的学说,但是因为美的表现各有不同,所以对美学的研究对象也就不能做简单的定义。唯一可以认定的是,美学研究一定和人有关,一定和人的情感有关。

在界定“美”成为一个难题以后,更多的美学家把视野转向对美学研究对象和范围的讨论上。以黑格尔为代表的很多哲学家认为美学就是艺术哲学,美学的研究对象就是艺术。黑格尔认为艺术美高于自然美,因为艺术美是人类心灵的产物。有学者认为美学由这样几个部分构成:“1. 生活审美的各个方面(衣、食、住、行、娱);2. 艺术的各个领域(诗、词、歌、赋、书法、绘画、音乐、舞蹈、建筑、园林等)及其专门理论(文论、诗论、词论、画论、书论、乐论、戏曲理论、小说理论、建筑园林理论等);3. 哲学(即关于宇宙、人、文化、历史的总体性论述)。”①这里列出的美学涵盖的领域,也是人所研究的领域。有学者认为美学研究的对象是审美活动:“审美活动是人的一种精神—文化

① 张法:《中国美学史》,四川人民出版社2008年版,第2页。

活动,它的核心是以审美意象为对象的人生体验。在这种体验中,人的精神超越了'自我'的有限性,得到一种自由和解放,回到人的精神家园。从而确证了自己的存在。"①这是美学作用于人的意义所在。

统而言之,不管对美学领域做何种界定,美学都是一种审美哲学,表现的是主体与对象之间的关系。美学研究的中心是审美活动,审美活动的范围甚广,举凡与人类活动相关的领域均能包容。美学作为人文学科,表现为对人的一种考察,对人及人所存在的世界的一种考察,即在这样的世界中探求人的追求和向往:什么是美的人生和世界,什么是值得过的生活。人的活动也是一种审美存在,这种审美存在深刻地改变着历史和现实的面貌,影响着人类的精神世界。美学的研究要面向人类的活动,面向人类的情感,面向人类的精神世界,在这个过程中,人既是审美主体,又是审美客体,是创造者也是观赏者。在进行美学研究,也就是审美研究的时候,首先可以明确审美对象就是人,或者说是人的生存状态,这种生存状态连接着审美主体与审美对象,以及审美对象所呈现的主体性色彩。

二、审美对象的确立

审美是源自于个体的一种主观的体悟式感受,而要把这种体悟式感受准确地描述出来并加以论证,使主观性判断具有某种客观的性质,则是审美研究的中心任务。在美学的审美语境中,审美对象对应着人的生存状态。

1. 人的生存状态

美学的研究离不开人的参与,不管是将美学理解为艺术哲学还是将美学的范畴分为社会美、艺术美、自然美等各方面,其最本质的研究对象都是人本身,在自然美的研究中也有人的存在和人的参与。人的参与不是指社会生活中具体的人的进入,而是指作为本体的人在世界中的本质呈现,也就

① 叶朗:《美学原理》,北京大学出版社 2009 年版,第 15 页。

是人的生存状态。审美对象的成立是需要其本身具有美感的,审美对象中蕴含了美的特性存在,使人得以收获审美体验和感悟。

审美需要具备两个条件:其一是审美主体的介入,所有的审美都带有某种程度的主观性,所以在审美活动中,人的参与,即审美主体的参与是至关重要的。有了审美主体的作用,审美对象才能体现审美性,体现人的本质。因为审美主体是人,所以在审美主体介入审美活动的时候,其必然作用于审美对象,给审美对象打上人的烙印。以王国维的话而言,就是审美对象可以是"有我之境",也可以是"无我之境"。"有我之境"中,主体介入得更加明显,而"无我之境"并不是单纯的"无我",其中同样有人的影响存在,只是"我"附着于"境"中而已:

> 有有我之境,有无我之境。"泪眼问花花不语,乱红飞过秋千去","可堪孤馆闭春寒,杜鹃声里斜阳暮",有我之境也。"采菊东篱下,悠然见南山","寒波澹澹起,白鸟悠悠下",无我之境也。有我之境,以我观物,故物皆著我之色彩。无我之境,以物观物,故不知何者为我,何者为物。①

审美主体和审美对象是相互作用的一种关系,反映出了人的生存状态。

其二是审美对象本身具有美的特性,即可审美性。具有可审美性的对象大都具有一定的艺术性,而艺术性来源于人的创造和意义赋予。艺术美自不待言,本身就是人类的创造性产物,而看似天然的自然美中其实也蕴含着人类的艺术性赋予,甚至可以说艺术层次愈高的人,从大自然中所获得的审美享受也会愈高。自然之美中一旦加入人文情怀,比如古人常言的清风明月、高山流水,它所给予我们的就是更高层次的审美快感。

人类的活动之所以能够称为审美活动,人类之所以能够把与自己相关

---

① 王国维:《人间词话》,徐调孚校注,中华书局2009年版,第2页。

的世界存在视为审美存在,就在于人类可以将世界规则化,将人的存在本质予以揭示,以展现人的生存状态。每一种审美存在都具有自己的审美规定性,视觉性艺术会要求物体外观符合视觉美感,听觉性艺术会要求声音悦耳动人。要达成这样的目标,往往就要对审美对象有相应的规范和要求。叙事性艺术的可审美性比之知觉性艺术会更特殊一些,知觉性艺术直接诉诸审美主体的感官,结合审美主体的自觉意识形成审美形象,而叙事性艺术作用于审美主体的意识,以语词结构形成世界景象进而形成审美形象,勾勒人的生存世界与生存状态。语词结构等叙事方法的外在形式之于叙事性艺术,类似于图画技巧和音符构成等之于图画和音乐的作用,审美形象形成之后就有了审美的可能性。当然审美活动也不可能独立存在,它始终会受到各种因素的影响,尤其是时代和文化的影响。

2. 时代与文化的影响

一般而言,审美活动是非功利的、无目的性的,所以审美会将政治、经济等功利性因素予以排除,但是在中国古代美学领域或者说是美感意识中,由于儒家文化的影响,主流审美意识中依然存在将政治道德意义纳入其中的现象。如《论语》所言,"先王之道,斯为美"①,既将政治制度与美联系起来,又自然地将"美"与"善"联系起来。儒家文化对中国主流的审美思想影响颇深。美感的产生会受到时代和文化的影响,而时代与文化的差异导致审美主体的审美感知有所不同。审美活动的展开让主体与对象之间建立起一个审美世界,这个审美世界不仅仅是审美主体对审美对象观照的结果,还表现为审美对象向审美主体的全方位开放和整个审美场域的建立。时代的影响也是历史时间的影响,文化以历史积淀的形式潜移默化地发挥着作用,时代与文化常常共同作用于其间。由此,审美场域才能全方位形成与开放。

审美世界的建立需要具备以下要素:其一,形式化的建构。一切审美的完成都不能脱离形式表达,审美主体只能通过具体审美场域中的表象与审

① 杨伯峻:《论语译注》,中华书局 1958 年版,第 8 页。

美对象交流。审美活动本身是一种直观性的活动,有足够的形式感是审美世界建立的基础,而每种形式的最终确立总会受到时代环境和文化传承的影响。其二,由形式所体现的精神内核。精神内核就原初意义而言,是由作者的主体性精神所赋予的,作者的情感与精神指向使审美对象形式化的外观获得与意义的统一,这种情感和精神指向也受历史文化积淀的影响。“精神化也作为一种模仿力(mimetic power),协助艺术作品取得与自身的同一性,而在释放出所有异质性的同时,强化了作品的形象性。精神并非被灌注于艺术之中,而是处处追随艺术作品,使内在于艺术作品的语言得以畅通自由。”①因此可以说,是作者主体性精神世界的作用参与,以及读者精神意志的加入,最终促使审美对象完整的精神内核形成。其三,审美存在的本质体现。审美存在也可以被视为作品的审美形象,审美形象不仅仅包括人物形象,也包括人在世界中的场景与状态呈现,是作品最终形成的意义。

审美活动建立在审美世界建构的基础上,审美世界由作品架构而成,是内容与形式的结合。审美主体与审美客体在审美世界相遇,审美世界将其内在完全向审美主体开放和呈现,审美主体通过自身的介入和参与,感知审美世界的外在审美形态,把握审美世界的内在精神内核,形成自身的审美感悟,最终达成美感的客观化和符号化。本书研究《史记》,所寻找的也就是《史记》作为客体所固有的美感,这种美感的形成离不开时代精神的赋予和作者主观意志的投射。

第二节 《史记》体现的审美意识

中国历来有治史的传统,史书对中国人的思想影响非常深远。上古时期,传说与史实的分野是不清晰的,各种传说亦可视为当时的史实投射,像

① 阿多诺:《美学理论》,王柯平译,四川人民出版社1998年版,第165页。

大禹治水、尧舜禅让这样的故事，褪去其中的神异色彩，一直被视为真实的历史场景。“史贵于文”的传统使得史书与文学难以被截然区分，以此为出发点，历史与中国人的生存世界和审美世界其实是重叠的。在史书中，人们生存将息，历史连接着史书中的人与观史者及书写者的情感经历。《史记》也是这样，司马迁本人的思想倾向对《史记》的最终成书和美感外观具有决定性的影响。

一、司马迁的经历与思想倾向

司马迁出身于史官世家。“司马氏世典周史。”①他从小有志于学，二十岁以后开始游历各地，甚至出使过西南夷，“二十而南游江、淮，上会稽，探禹穴，窥九疑，浮于沅、湘；北涉汶、泗，讲业齐、鲁之都，观孔子之遗风，乡射邹、峄；厄困鄱、薛、彭城，过梁、楚以归。于是迁仕为郎中，奉使西征巴、蜀以南，南略邛、笮、昆明，还报命”②。因此他对各地风土人情、人物事态均有相当的了解。司马迁的父亲司马谈临终前以不能跟随天子祭祀泰山为憾，并将写作一部通史的工作嘱托给了司马迁。父亲去世后，司马迁参加了武帝的封禅大典，三年以后，司马迁担任太史令，开始收集史料，着手史书的写作工作。不久后发生李陵之祸，司马迁因为为李陵说话，惹怒汉武帝，被判处死刑，若要减免，只能以钱赎罪或接受腐刑。为了完成父亲的遗愿和自己的理想，清贫的司马迁主动接受腐刑，忍辱完成了《史记》的创作。

司马迁对父亲的遗命极为重视，在《太史公自序》中对此做了详细的描述，且非常清晰地记录了父亲的临终嘱托，从中可见司马谈对司马迁的深远影响。司马谈本人对道家思想极为推崇，这大概和西汉前期重视黄老的时代思潮有关。司马谈在《论六家要旨》中对先秦以来的各家思想做了综述和

---

① 司马迁：《史记·太史公自序第七十》，中华书局1959年版，第3285页。

② 司马迁：《史记·太史公自序第七十》，中华书局1959年版，第3293页。

评价。他赞同儒家和法家对人伦秩序的规定,称儒家“序君臣父子之礼,列夫妇长幼之别,不可易也”,赞法家“正君臣上下之分,不可改矣”。但是他也指出了这两家的缺点:“儒者博而寡要,劳而少功,是以其事难尽从”,“法家严而少恩”。对其他各家,司马谈也多有批评,唯独对道家,皆是赞语:“道家使人精神专一,动合无形,赡足万物。其为术也,因阴阳之大顺,采儒墨之善,撮名法之要,与时迁移,应物变化,立俗施事,无所不宜,指约而易操,事少而功多。”①他对道家与物合一、不以烦琐的程序使民操劳表示赞许。这与文帝、景帝时与民休息的政策也是契合的。

司马迁的思想没有非常明显的旨归,不能简单地完全归入哪一个思想流派。在现有的研究资料中,主流观点都是把他的思想归入道家或者儒家。从《史记》文本的表述来看,儒道二家对他的思想都是有影响的,他本人对诸子各家思想亦有涉猎。笔者认为以他的为人及行文而言,儒家思想对他的影响更为全面和深入,同时其他各派思想对他亦有一定的影响。《史记》对老子之言多有引用,但就主体而言,司马迁的思想是倾向于儒家的。在《史记》的记叙中,司马迁对崇尚黄老思想的人物并不持完全赞同的态度,比如对张良的描写。张良接受神秘老人授兵书之后,成为“运筹帷幄之中,决胜千里之外”的谋士,与年少时刺杀秦始皇的鲁莽少年判若两人,而老人言:“读此则为王者师矣。后十年兴。十三年孺子见我济北,谷城山下黄石即我矣。”②此处带有明显的道家神异色彩,到晚年,张良更是想要“弃人间事,欲从赤松子游”③,所以他是具有道家色彩的人物。而在行文中,司马迁对张良谋划拥立吕后之子所带来的后果,态度还是有所保留的,《留侯世家》中特意描写了高祖与戚夫人痛哭流涕且歌且舞的伤感场面。

司马迁对儒家的态度应该也与当时儒家学说盛行并取得主导地位有一定的关系。司马谈认为儒家“序君臣父子之礼,列夫妇长幼之别,不可易

① 司马迁:《史记·太史公自序第七十》,中华书局1959年版,第3289页。

② 司马迁:《史记·留侯世家第二十五》,中华书局1959年版,第2035页。

③ 司马迁:《史记·留侯世家第二十五》,中华书局1959年版,第2048页。

也”，而在《史记》中，司马迁对君臣节义也是持赞许态度的。“列传”首章即以伯夷、叔齐开篇，尽管司马迁在文中对世间是非不分、好坏不明的现状多有怨愤之语，但对伯夷、叔齐两人的德行是持正面肯定态度的。同时他对孔子本人非常推崇，将孔子列入“世家”，为孔门弟子作传，且在《史记》行文中，也不时引用孔子的话作为佐证。如《酷吏列传》，“孔子曰：‘导之以政，齐之以刑，民免而无耻。导之以德，齐之以礼，有耻且格。’”①又如《滑稽列传》，“孔子曰：‘六艺于治一也。礼以节人，乐以发和，书以道事，诗以达意，易以神化，春秋以义。’”②司马迁在各章节的论赞中，也常以孔子的话为论证。如《殷本纪》赞：“孔子曰，殷路车为善，而色尚白。”③《田叔列传》赞：“孔子称曰‘居是国必闻其政’。”④又专章撰写《儒林列传》，对儒学的发展进行梳理。从《史记》的文本以及司马迁自己的论述来看，司马迁对儒家思想是接受的，并且身体力行地实践着儒家积极有为的人生观。吕祖谦在《大事记解题》中说：“文中子曰：‘史之失，自迁、固始。’讥其失古史之体则当矣，然迁、固乌可以并言哉？迁之学虽未粹，感愤舛驳，往往有之。然二帝三王之统纪，周秦楚汉之世变，孔子、孟子之所以异于诸子百家者，于其书犹有考焉。高气绝识，包举广而兴寄深，后之为史者，殊未易窥其涯涘也。”⑤这段话从儒者的角度，对司马迁正统意义上的史书记叙和对孔孟意义的正确阐扬予以了高度肯定。

司马迁是一个具有强烈自我意识的人，对于自己在社会中所处的位置，自己能做什么、善于做什么都有非常清醒的认识。他把写作《史记》视为自己的历史责任：“先人有言：‘自周公卒五百岁而有孔子，孔子至于今五百岁，

① 司马迁：《史记·酷吏列传第六十二》，中华书局1959年版，第3131页。

② 司马迁：《史记·滑稽列传第六十六》，中华书局1959年版，第3197页。

③ 司马迁：《史记·殷本纪第三》，中华书局1959年版，第109页。

④ 司马迁：《史记·田叔列传第四十四》，中华书局1959年版，第2779页。

⑤ 转引自杨燕起、陈可青、赖长扬编：《历代名家评〈史记〉》，北京师范大学出版社1986年版，第17页。

有能绍而明之,正《易传》,继《春秋》,本《诗》《书》《礼》《乐》之际。’意在斯乎!意在斯乎!小子何敢攘焉!”①他对自己的历史责任当仁不让,并将写作《史记》的行为视为对周公、孔子之道的继承。他对身受腐刑后的处境有切肤之恨,“仆以口语遇遭此祸,重为乡党戮笑,污辱先人,亦何面目复上父母之丘墓乎?虽累百世,垢弥甚耳!是以肠一日而九回,居则忽忽若有所亡,出则不知所如往。每念斯耻,汗未尝不发背沾衣也。”②忍辱写作《史记》是司马迁深思熟虑之后做出的选择,这一举动本身也展示了司马迁本人不顾个人荣辱而成就大义的儒家思想倾向,这种思想倾向也影响了《史记》所体现出来的审美观。

二、思想倾向影响下的审美观

审美观是审美主体对美感的判断和看法,是一种视角和态度。审美观受思想倾向的影响,往往和人生观与价值观联系在一起,具有立场性和判断性。审美观决定着个体感知事物的方式和对外界的看法。严格来说,由于汉代并没有美学的概念,所以司马迁本人并没有有意识的审美观,他的审美观是通过文章和著作体现出来的。司马迁的思想倾向于儒家,因此其审美观大体而言也是趋近于儒家的。在儒家的审美观中,有两种看似矛盾的倾向:一方面是着眼于文字的教化功能,主张文艺有为,从“兴观群怨”到“诗言志”,儒家审美要求文艺应该有实用价值,也即追求所谓“为人生的艺术”,强调文艺功利性的一面;另一方面,却又提倡非功利性的人格,比如儒家津津乐道的“孔颜乐处”,即强调品格上应不计个人得失。这两种看似矛盾的倾向能够有机地融而为一,是因为其“功利性”的内涵并不一致,前一个“功利性”是相对于社会功能而言,后一个“功利性”是针对个人品质与道德而言,

① 班固:《汉书·司马迁传第三十二》,中华书局1962年版,第2717页。

② 司马迁:《报任安书》,见班固:《汉书·司马迁传第三十二》,中华书局1962年版,第2736页。

它们的融合点在于对人的社会意义的强调,其目的不是倡导个人的荣辱得失,而是讲求弘扬更高层次的理念,使群体性利益最大化,崇尚无私与忘我。

在个人人格方面,儒家思想赞赏非功利的"义",对人、对事的审美判断有一种非自我功利性的倾向。儒家审美观的非功利性与器物的形制无关,而深究作品传递的核心思想。从自身的道德立场出发,儒家推崇宣扬道义和正面价值观的作品。司马迁的审美观也是反对功利化的,具有非功利性,因此在《史记》的创作中,他能从非功利性的好恶选择出发为历史人物立论。他在《孟子荀卿列传》的开篇对功利化倾向表示反对:"余读孟子书,至梁惠王问'何以利吾国',未尝不废书而叹也。曰:嗟乎,利诚乱之始也! 夫子罕言利者,常防其原也。故曰'放于利而行,多怨'。自天子至于庶人,好利之弊何以异哉!"①儒家欣赏入世之美,对社会实践密切关注,与社会生活和人类生活密切相关,从这个角度来说,其思想又是功利性的。这导致《史记》中的一些人物在个人品质上具有符合道义的人格之美,在社会实践中则奋发有为,展现出人的形象在时代中的光耀之美。他们所追求的个人功业,属于相对的功利性追求,因而在个人形象上表现出执着、忘我的人格特质。

在中国历史及文化中,司马迁的遭遇一直很有戏剧性和象征意味。司马迁也把自己的遭遇与众多他所一直景仰的历史名人的际遇联系在一起,使之形成了中国文化中极有意味的一种人格集成和审美景观。

> 古者富贵而名摩灭,不可胜记,唯俶傥非常之人称焉。盖西伯拘而演《周易》;仲尼厄而作《春秋》;屈原放逐,乃赋《离骚》;左丘失明,厥有《国语》;孙子膑脚,《兵法》修列;不韦迁蜀,世传《吕览》;韩非囚秦,《说难》、《孤愤》。《诗》三百篇,大氐贤圣发愤之所为作也。此人皆意有所郁结,不得通其道,故述往事,思来者。及如左丘明无目,孙子断足,终不可用,退论书策以舒其愤,思垂空文

① 司马迁:《史记·孟子荀卿列传第十四》,中华书局1959年版,第2343页。

以自见。仆窃不逊，近自托于无能之辞，网罗天下放失旧闻，考之行事，稽其成败兴坏之理，凡百三十篇，亦欲以究天人之际，通古今之变，成一家之言。草创未就，适会此祸，惜其不成，是以就极刑而无愠色。仆诚已著此书，藏之名山，传之其人通邑大都，则仆偿前辱之责，虽万被戮，岂有悔哉！然此可为智者道，难为俗人言也。①

这种人格集成表现了儒家传统的积极向上的人生观，也成为我国古代人格审美的一种指向：忍辱负重，对困境不屈服，不放弃，坚持理想，坚执如一。这是中国人推崇的品格，其中甚至包含着崇高的意味，即放弃小我，而追求更阔大的事业——究天人之际，通古今之变，成一家之言。这也和儒家最崇高的“三不朽”理想结合在了一起。此后，“发愤著书”成为儒家一脉相承的文艺传统。

司马迁的思想趋近于儒家，因此他所表现出来的审美观也与儒家的审美观相一致。和很多儒家思想的信奉者一样，司马迁于人于事有一种自觉的介入感。从孔子的“知其不可而为之”②，“当仁，不让于师”③，“无求生以害仁，有杀身以成仁”④，到孟子的“虽千万人，吾往矣”⑤，再到后来的“以天下为己任”和“天下兴亡，匹夫有责”，儒者倡导积极入世，对世事有深深的介入感，提倡在世间应该有所作为。司马迁在《史记》的书写中亦表现了这种介入感，除了在大多数章节后书有论赞外，行文中亦时寓褒贬，有时还会把自己放入文中，比如《张释之冯唐列传》：“七年，景帝立，以唐为楚相，免。武帝立，求贤良，举冯唐。唐时年九十余，不能复为官，乃以唐子冯遂为郎。遂

① 司马迁：《报任安书》，见班固：《汉书·司马迁传第三十二》，中华书局 1962 年版，第 2735 页。

② 杨伯峻：《论语译注》，中华书局 1958 年版，第 165 页。

③ 杨伯峻：《论语译注》，中华书局 1958 年版，第 177 页。

④ 杨伯峻：《论语译注》，中华书局 1958 年版，第 170 页。

⑤ 杨伯峻：《孟子译注》，中华书局 1960 年版，第 61 页。

字王孙，亦奇士，与余善。”[①]把自己与传主的关系介绍一二。

强烈的介入感使《史记》成为带有鲜明个人特色的“一家之言”，作者的观念和思想感情在书中得以表现，这也是司马迁本人理想的体现。孔子说：“君子疾没世而名不称焉。”[②]司马迁在《报任安书》中自明心迹：“仆虽怯耎欲苟活，亦颇识去就之分矣，何至自湛溺累绁之辱哉！且夫臧获婢妾犹能引决，况若仆之不得已乎！所以隐忍苟活，函粪土之中而不辞者，恨私心有所不尽，鄙没世而文采不表于后也。”[③]“古者富贵而名摩灭，不可胜记，唯倜傥非常之人称焉”，所以儒家追求显名于后世。司马迁的核心目的，正是形成自己独立的思想体系，表达对于历史前途的看法，寄托其进步的社会理想。[④]他实现这一理想的根本途径就是将“我”的意念加诸文中，在行文中置入“我”的踪迹，从而建立“我”的体系。

三、《礼书》与《乐书》体现的审美思想

一般而言，“乐”属于艺术的范畴，而“礼”往往被列入社会制度与道德的范畴，但是在中国文化中，“乐”与“礼”往往并峙，都是文化教化的手段。儒家审美观中，“礼”具有一整套外化的仪式，完美地诠释了其审美理念。“乐”也是如此，它在儒家具有教化意义的审美体系中占有重要的地位。所以本书将《史记》中的《礼书》和《乐书》单独列出，作为《史记》审美思想的体现对象来进行阐释。

《礼书》在《史记》八书中位列第一，可见“礼”的重要意义，《乐书》位置紧随其后，亦可体现司马迁本人对文化教化的重视。历代研究者对于《礼

---

① 司马迁：《史记·张释之冯唐列传第四十二》，中华书局 1959 年版，第 2761 页。

② 杨伯峻：《论语译注》，中华书局 1958 年版，第 173 页。

③ 司马迁：《报任安书》，见班固：《汉书·司马迁传第三十二》，中华书局 1962 年版，第 2733 页。

④ 白寿彝：《中国史学史》，北京师范大学出版社 2004 年版，第 40 页。

书》和《乐书》是否为司马迁本人所作多有讨论:有人认为两篇文中除了“太史公曰”的内容,其余均为后人窜入,也有人根据《礼书》《乐书》传达的内容与《史记》的思想倾向并不矛盾的特点,判断《礼书》与《乐书》确实出自司马迁之手。从文本来看,《礼书》与《乐书》在《史记》中并不显得突兀,其思想意识的衔接也是自然的,所以可以将《礼书》和《乐书》中传达的审美意识视为《史记》所体现的审美思想的一部分。

《礼书》与《荀子·礼论》部分有重合。《礼书》开篇即指出“礼”之由来:“太史公曰:洋洋美德乎!宰制万物,役使群众,岂人力也哉?余至大行礼官,观三代损益,乃知缘人情而制礼,依人性而作仪,其所由来尚矣。”①要宰制万物、役使群众不能靠暴力和强制力,而只能依托于“礼”的秩序性和规定性。其中心内容是梳理由周至汉的礼仪制定,提出“礼由人起。人生有欲,欲而不得则不能无忿,忿而无度量则争,争则乱。先王恶其乱,故制礼义以养人之欲,给人之求,使欲不穷于物,物不屈于欲,二者相待而长,是礼之所起也。故礼者养也”②。“礼”具有陶冶个人情操和品格的作用,“礼的最基本意义,可以说是人类行为的艺术化、规范化的统一物”③。在秩序与规定之外,“礼”还有培育德行之作用,这与“乐”的教化作用相辅相成。所以司马迁在《乐书》中并没有单纯地讨论“乐”的作用,而以“礼”“乐”共同讨论,故《乐书》也可以视为《礼书》的续论。

《乐书》几乎与《礼记·乐记》重合,只在编次上略有不同,有些文字亦有区别。“凡音之起,由人心生也。人心之动,物使之然也。感于物而动,故形于声;声相应,故生变;变成方,谓之音;比音而乐之,及干戚羽旄,谓之乐也。乐者,音之所由生也,其本在人心感于物也。是故其哀心感者,其声噍以杀;其乐心感者,其声啴以缓;其喜心感者,其声发以散;其怒心感者,其声粗以

① 司马迁:《史记·礼书第一》,中华书局1959年版,第1157页。
② 司马迁:《史记·礼书第一》,中华书局1959年版,第1161页。
③ 徐复观:《中国艺术精神》,商务印书馆2010年版,第15页。

厉;其敬心感者,其声直以廉;其爱心感者,其声和以柔。”①这是典型的儒家文艺观。儒家之所以认为音乐有强大的教化作用,并且在音乐或者文艺中寄托教化的理想,是因为音乐可以感动人,和人的情感是联系在一起的,不同的情感会生发不同的声音。《史记》中,司马迁用过四个著名的音乐场景来描写人的情感:一次是易水送别,高渐离击筑,慷慨悲歌;一次是霸王别姬,以项羽的高歌展现英雄末路的悲凉心境;一次是刘邦衣锦还乡,歌《大风》而泪下,表现的是成功者的孤独感;还有一次是刘邦未能改易太子,与戚夫人作歌,表现帝王的无奈。这几处场景都不是单纯地运用音乐,而是配以歌诗渲染气氛,明确音乐传递的意义与情感。《史记》中其他的音乐场景大多也是利用诗歌传递明确的意义指向和情感悲欢,比如吕太后指诸吕之女为赵王之妻,赵王另宠美人,为诸吕之女所妒,于是她在吕太后前进谗言,使赵王受到囚禁,赵王歌曰:“诸吕用事兮刘氏危,迫胁王侯兮强授我妃。我妃既妒兮诬我以恶,谗女乱国兮上曾不寤。我无忠臣兮何故弃国?自决中野兮苍天举直!于嗟不可悔兮宁蚤自财。为王而饿死兮谁者怜之!吕氏绝理兮托天报仇。”②这也是纯以诗歌表情达意。司马迁运用音乐表达情感正体现了其对音乐情感表现性的认可。

“乐”与“礼”在教化方面可以起到相辅相成的作用。“乐者为同,礼者为异。同则相亲,异则相敬。乐胜则流,礼胜则离。合情饰貌者,礼乐之事也。礼义立,则贵贱等矣;乐文同,则上下和矣;好恶著,则贤不肖别矣;刑禁暴,爵举贤,则政均矣。仁以爱之,义以正之,如此则民治行矣。”③“乐”在情感上让人感动,“礼”在行为规范上使人知恭敬礼让,而有情有礼的社会才是理想的社会。“礼”“乐”共同作用的效果就是“乐由中出,礼自外作。乐由中出,故静;礼自外作,故文。大乐必易,大礼必简。乐至则无怨,礼至则不

---

① 司马迁:《史记·乐书第二》,中华书局1959年版,第1179页。

② 司马迁:《史记·吕太后本纪第九》,中华书局1959年版,第403—404页。

③ 司马迁:《史记·乐书第二》,中华书局1959年版,第1187页。

争。揖让而治天下者,礼乐之谓也”①。因为“乐者,天地之和也;礼者,天地之序也。和,故百物皆化;序,故群物皆别。乐由天作,礼以地制”②。音乐有以情感力量自然地化育人心的作用,礼仪可以使人民知进退、守规则,从而做到进退有序,不急不躁,从容有度,这也是君子应有的节操。

《礼书》和《乐书》体现了儒家的审美意识,这与《史记》所传达的儒家的审美观是一致的。儒家倡导和谐与化育,看重教化与培育,认为在“礼”“乐”的熏染下,君子人格会自然养成,音乐和礼仪一样,都有“养义”的作用。“夫古者,天子诸侯听钟磬未尝离于庭,卿大夫听琴瑟之音未尝离于前,所以养行义而防淫佚也。夫淫佚生于无礼,故圣王使人耳闻《雅》《颂》之音,目视威仪之礼,足行恭敬之容,口言仁义之道。故君子终日言而邪辟无由入也。”③《史记·吴太伯世家》描写季札观乐的场景,所反映的也是儒家的音乐观,之所以用到“观”字,是因为在儒家文化影响下的音乐具有“礼”的形式的欣赏性。儒家认为音乐之养表现为深入人心的滋养,礼仪之养表现为规则性的提醒和防范,这都是为了化育人民行儒家之道。《礼书》和《乐书》所体现的思想倾向与司马迁的思想倾向是一致的,体现了儒家的审美观。

四、《史记》成为审美对象的前提

《史记》体现了司马迁的审美意识,但是对《史记》进行美学研究仍面临一个理论难题,即作为历史著作的《史记》何以有审美的可能性。历史上的真实人生,与审美上的艺术性生存状态具有一定的差异。前文提到《史记》具有文学的情感性,也体现了作者的审美意识,《史记》还为艺术留下了一席之地,比如“八书”中涵盖《乐书》——这些都为《史记》提供了审美的可能性。除此之外,《史记》具有审美可能性还在于它重视对人的描写并且具有

① 司马迁:《史记·乐书第二》,中华书局1959年版,第1188页。

② 司马迁:《史记·乐书第二》,中华书局1959年版,第1191页。

③ 司马迁:《史记·乐书第二》,中华书局1959年版,第1237页。

脱离政治功利主义的人文观。

（一）重视人物的历史观

《史记》创造了一种史书书写的范式，即以人物为中心，着眼于人物的一生进行生平事迹构建。“开辟草昧，岁纪绵邈，居今识古，其载籍乎！轩辕之世，史有仓颉，主文之职，其来久矣。曲礼曰：史载笔。左右。史者，使也。执笔左右，使之记也。古者，左史记事者，右史记言者。”①我国的记史传统很悠久，历代史官要详实地将重大事件和重要人物所讲述的话语进行记录。到春秋时期已经形成了这样的规范：“一是初步形成了历史记载的基本形式，即按时间发展顺序记事的形式；二是初步确立了‘君举必书’记事的原则；三是从认识到历史对于现实的鉴戒作用进而认识到国史的社会作用，以‘习于春秋’、‘教之春秋’而‘耸善抑恶’；四是史官所记尽管还不超出贵族活动的范围，但贞卜、册祝一类的神职已逐步削弱，历史记载已着重于德刑礼义这些世俗的社会内容了。”②这种叙事规范到后世更是逐步完善，从《史记》开始，史书中对时间和时代的把握结合了纪传体的特征，由根据时间线进行连贯的事件性记叙改为以人物为中心进行整体性时间叙事，这使得史书对历史人物的形象把握更为清晰。

刘知幾认为，“史之为务，厥途有三焉。何则？彰善贬恶，不避强御，若晋之董狐，齐之南史，此其上也。编次勒成，郁为不朽，若鲁之丘明，汉之子长，此其次也。高才博学，名重一时，若周之史佚，楚之倚相，此其下也”③。刘知幾是从史家的职能角度进行说明的，也表明了史传的社会作用。中国史书书写传统是务求历史事实清晰准确，对大事件的记录一丝不苟，甚至有史家为此献身。在历史事实的记录之外，其社会功用就是留作教训、彰善贬恶，这在孔子的“春秋笔法”中早已有体现。因此历史著作是有其功能性的，

---

① 刘勰：《文心雕龙注》，范文澜注，人民文学出版社1962年版，第283页。

② 白寿彝：《中国史学史》，北京师范大学出版社2004年版，第13页。

③ 刘知幾：《史通》，浦起龙通释，吕思勉评，上海古籍出版社2008年版，第200页。

以历史事件和历史人物为载体，其间沉淀着中国人的文化品格和是非判断。虽然在刘知幾看来，司马迁作为史官的刚毅品格及不上“晋之董狐，齐之南史”，但是在史书创作上，司马迁对人的关注大大高于前代，他没有仅将眼光落到对人物善恶的褒贬上，而是将自己的情感、切身经历、写作态度投射到史书中去，以个人思想观念为起点，对历史人物有自己的评价。司马迁称之为“一家之言”。

司马迁的审美意识直接影响了《史记》的审美形态。司马迁的审美观总体而言倾向于儒家，他的审美判断有儒家积极有为和人格上去功利化的特点，于是在《史记》叙事中形成了对人物事件的独特选择判断标准，即事件选择上的爱奇和人物品格选择上的尚义。

1. 爱奇：突出事件的戏剧性

爱奇意指叙事中对故事的要求，即寻求叙事中特异的形象感，使文字产生异于常态的戏剧性，当然，《史记》的“爱奇”是建立在史实的基础上的。《史记》是司马迁呕心沥血之作，写作《史记》更是司马谈、司马迁父子两代人的理想。司马谈临终遗言曰：“余先周室之太史也。自上世尝显功名于虞夏，典天官事。后世中衰，绝于予乎？汝复为太史，则续吾祖矣。今天子接千岁之统，封泰山，而余不得从行，是命也夫，命也夫！余死，汝必为太史；为太史，无忘吾所欲论著矣。且夫孝始于事亲，中于事君，终于立身。扬名于后世，以显父母，此孝之大者。夫天下称诵周公，言其能论歌文武之德，宣周邵之风，达太王王季之思虑，爰及公刘，以尊后稷也。幽厉之后，王道缺，礼乐衰，孔子脩旧起废，论《诗》《书》，作《春秋》，则学者至今则之。自获麟以来四百有余岁，而诸侯相兼，史记放绝。今汉兴，海内一统，明主贤君忠臣死义之士，余为太史而弗论载，废天下之史文，余甚惧焉，汝其念哉！”①司马谈念兹在兹的就是写一部通史，串联上古、西周、春秋至今的历史，这个理想他有生之年没有实现，于是弥留之际要求儿子一定要完成这部史书。《史记》

① 司马迁：《史记·太史公自序第七十》，中华书局1959年版，第3295页。

原名为《太史公书》，到东汉桓、灵之际才以《史记》为名——从定名亦可看出，司马迁认为《史记》除了是实现自己的理想之作，亦是完成父亲的遗愿之作。

司马迁本人完成《史记》的时候也付出了巨大的心血，他遍踏古迹，实地考察，探问历史事件的亲历者。他对《史记》的书写建立在收集了大量史料的基础之上，其“实录”精神一直受到历代史家的赞赏，尽管《史记》亦因有史料错漏而受诟病，但是学者们对司马迁的“实录”精神仍然是认同的。而这种“实录”精神就表现为对史实的不断追求，“其文直，其事核，不虚美，不隐恶”①。司马迁在《报任安书》中说：“人固有一死，或重于泰山，或轻于鸿毛，用之所趋异也。”他不畏生死垢辱，所追求的就是完成史书的著述。

司马迁主张有所作为，显名于后世，所以不满足于记录庸常人生或平淡叙事。他在择取史料题材时也有这种倾向。“盖迁喜叙事，至于经术之文，干济之策，多不收入，故其文简；固则于文字之有关于学问、有系于政务者，必一一载之，此其所以卷帙多也。今以《汉书》各传与《史记》比对，多有《史记》所无而《汉书》增载者，皆系经世有用之文，则不得以繁冗议之也。”②在选材上，司马迁放弃了“经世有用之文”，而偏向于“叙事”。对于司马迁爱奇的审美倾向，后人多有阐发，其最直接的表现就是选材上偏好奇人奇事，在对前代史书进行史料收集时，常选用具有戏剧性的事例。

书写人物传记时，除了选择历史上非书不可的人物，比如历代帝王、权臣等，司马迁还选择了很多看上去无足轻重的小人物，如《刺客列传》中本应默默无名的刺客、《游侠列传》中无官无职但受到他人赞许的侠士、《滑稽列传》中帝王蓄在身边的弄臣等等。他还为名医扁鹊、仓公立传。认真说来，史书中就算没有这些人，也不会妨碍历史的整体面貌呈现，但是有了这些人，却使得时代和历史变得更加生动。

---

① 班固：《汉书·司马迁传第三十二》，中华书局1962年版，第2738页。

② 赵翼：《廿二史札记》，曹光甫校点，上海古籍出版社2011年版，第25页。

记述大人物的事迹时,司马迁也会为大人物身边的小人物书写一笔,比如平原君门下的毛遂,信陵君身边的侯嬴、朱亥、毛公等人,刘邦、吕后时期的说客郦食其、陆贾、朱建等。他们都是一些"奇人",其语言、行事皆不同于普通人。针对历史上的大人物,司马迁的态度也是这样,比如李广和卫青二人,同是大将军,但司马迁在行文中对李广投入了更深的情感。从身世上看,卫青亦有"奇"处,奇在以微贱之出身而能得大富贵,但李广之"奇"却奇在性情上、军事才能上。李广爱兵如子,却也对得罪自己的人睚眦必报,带兵亦不循常法,令人由衷赞叹:"李广才气,天下无双。"可见李广是一个更为个性化的人物。相较而言,卫青则是依托于汉武帝、循大将军本分的一个人,所以在《史记》中,卫青的形象比之李广显得暗淡许多。此外,司马迁对那些不尽认同的人也会赞赏其"奇"处,如虽对商鞅、吴起、李斯为人有不满,但还是写出了他们的卓著才干,奇事奇行。

对奇事的偏好还表现在书写人物时,司马迁更愿意选择不同寻常的事件进行叙述,以此显示传主不同寻常的性格特征。比如:吴起为了得到重用,不惜杀死自己的妻子;李斯读书时,因厕鼠、仓鼠之别而生感叹;范雎逃离魏国,到秦国为相,并进行复仇;韩信受胯下之辱,衣锦还乡后却又大度地放过了作恶者;张仪被打后,让夫人检查口舌是否尚在;范蠡功成身退,成为富甲一方的商人;窦太后阴差阳错成为皇后,与幼弟神奇重逢;等等。除此之外,司马迁在书中还择取了一些神异之事来描写,如简狄吞玄鸟之卵而怀孕、刘邦有天子之气及斩白蛇起义、项羽和舜一样也是重瞳子、张良取履得兵书等等。这些描述有些具有神异色彩,有些是平凡人生中难以遭遇的事情,均属奇事,这些奇事又进一步塑造出历史中的种种奇人。这些奇事呈现出了人物与众不同的个性和经历。

2. 尚义:强调人格的高尚性

司马迁对人物的判断有尚义的标准,表现为文本中对人物品格以及行为价值的赞誉。"义"是一个比较虚化的概念,所应用的范畴比较广泛。义的词语含义是合乎道理、合乎正义,又可分大义与小义:大义与国家民族相关，指以国家民族的利益为重；小义就与他者相处而言，是与承诺、诚信等品质相联系的概念。但不论大义小义，它都是种个人的操守，代表为了某个目标或者他人可以牺牲自己的精神人格。具有“义”的品格的人，才是司马迁心目中完美的人，他作传之目的也是要弘扬这样的“义”：“扶义俶傥，不令己失时，立功名于天下，作七十列传。”①司马迁的“尚义”是以他儒家非功利的审美观为基础的，诚如孔子所言，“不义而富且贵，于我如浮云”②，“义”在《史记》中成为一种审美判断，也是对事物正当与否的一种价值判断。“义”的评判在《史记》中来自于两个方面，一是人物形象自身展现的义的品格，二是作者在评论中的价值判断。

“司马迁尚气好侠，有战国豪士之余风，故其为书，叙用兵、气节、豪侠之事特详。其言侯嬴自杀以报魏公子，而樊于期自杀以头遗荆轲，皆奇诞不近人情，不足考信。以嬴既进朱亥以报魏公子，不自杀未害为信，而樊于期自匿以求苟免，尚安肯愤然劫以浮词，以首遗人哉？此未必非燕丹杀之也。余读《刺客传》，颇爱曹沫、豫让之事，沫有补其国，而让为不负其君，然皆不合大义，而庶几所谓好勇者。如聂政、荆轲之事，此特贱丈夫之雄耳。予观窦婴、田蚡、灌夫之事，考婴与蚡皆庸人不学，其所立无可称录，而灌夫屠沽之人也，斗争于酒食之间，不啻若奴妾，是皆何足载之于书，而迁叙聂政、荆轲、窦婴、田蚡之事特详，反复叙录而不厌，盖其尚气好侠事投其所好，不知其言之不信，而忘其事之为不足录也。”③张耒对司马迁尚气好侠颇有微词，但《史记》中的人物感于义气，确为不争的事实。司马迁对人物好恶的判断标准就是其是否崇尚义气。

除了张耒举出的《刺客列传》中的诸人，司马迁还赞美从容就义的田横和五百壮士，义不帝秦的鲁仲连，为他人解纷纾难的侠士朱家、剧孟和郭解，

① 司马迁：《史记·太史公自序第七十》，中华书局1959年版，第3319页。

② 杨伯峻：《论语译注》，中华书局1958年版，第76页。

③ 转引自杨燕起、陈可辛、赖长扬编：《历代名家评〈史记〉》，北京师范大学出版社1986年版，第15页。

为国家礼让他人的蔺相如,礼贤下士、勇赴国难的公子无忌,以及言称"忠臣不事二君,贞女不更二夫"而宁死不做燕臣的王蠋,等等。由此,为国为民的大义,为人处世不忘故主、仗义出手的小义一一呈现。司马迁还赞赏那些不趋炎附势、能秉持义气而行的人,如在弑君的崔杼面前仍然抚君王之尸痛哭、行礼而去的晏婴,对这样的忠耿之人,连弑君者也不敢杀害。相反,对不符合"义"的行为,如明哲保身、自私自利,司马迁在文中或借他人之口,或亲自评价来表达自己的不满。在李斯、苏秦、主父偃等人之传中,都有这样的描写。

中国传统的叙事文学以小说为代表,小说所追求的是故事的可读性和戏剧性,唐代文言小说干脆以"传奇"为名,可知后来的小说创作也多是"爱奇"的。在欣赏人物品格的时候,"义"亦成为一个重要的标准,"义"的含义本来就比较宽泛,包括国家大义、君臣之义、朋友之义、夫妻之义等,人格的美感也会在这样体现人生价值的行为中表现出来。

(二)不以政治为中心的文化观

司马迁自述其作《史记》的目的为"究天人之际,通古今之变,成一家之言",希望其历史著述呈现于外的是一种时空的贯通感,这与历代史家写史以汲取前朝教训的目的不尽相同。"究天人之际"立足于显现天命与人物命运、王朝命运转折之情状,体现人的生存状态;"通古今之变"立足于找寻历史发展的规律及其中的奇人异事;"成一家之言"立足于提出自己的观念。"他把以孔子为中心的文化,与现实的政治,保持相当的距离,而把文化的意义,置于现实政治的上位"①,在史实论述中加以统筹。

> 太史公读《春秋历谱谍》,至周厉王,未尝不废书而叹也。曰:呜呼,师挚见之矣!纣为象箸而箕子唏。周道缺,诗人本之衽席,

① 徐复观:《两汉思想史》(三),九州出版社2014年版,第290页。

《关雎》作。仁义陵迟,《鹿鸣》刺焉。及至厉王,以恶闻其过,公卿惧诛而祸作,厉王遂奔于彘,乱自京师始,而共和行政焉。是后或力政,强乘弱,兴师不请天子。然挟王室之义,以讨伐为会盟主,政由五伯,诸侯恣行,淫侈不轨,贼臣篡子滋起矣。齐、晋、秦、楚其在成周微甚,封或百里或五十里。晋阻三河,齐负东海,楚介江淮,秦因雍州之固,四海迭兴,更为伯主,文武所褒大封,皆威而服焉。是以孔子明王道,干七十余君,莫能用,故西观周室,论史记旧闻,兴于鲁而次《春秋》,上记隐,下至哀之获麟,约其辞文,去其烦重,以制义法,王道备,人事浃。七十子之徒口受其传指,为有所刺讥褒讳挹损之文辞不可以书见也。鲁君子左丘明惧弟子人人异端,各安其意,失其真,故因孔子史记具论其语,成《左氏春秋》。铎椒为楚威王傅,为王不能尽观《春秋》,采取成败,卒四十章,为《铎氏微》。赵孝成王时,其相虞卿上采《春秋》,下观近势,亦著八篇,为《虞氏春秋》。吕不韦者,秦庄襄王相,亦上观尚古,删拾《春秋》,集六国时事,以为八览、六论、十二纪,为《吕氏春秋》。及如荀卿、孟子、公孙固、韩非之徒,各往往捃摭《春秋》之文以著书,不可胜纪。汉相张苍历谱五德,上大夫董仲舒推《春秋》义,颇著文焉。①

这段文字将对历史的阐释与文化进行对照,历史的行进不以政治得失为主线,而以文化进程为纲维,可知司马迁心中"对文化的信任,远过于对政治的信任。他所了解的现实,使他相信人类的命运,在文化而不在政治,或者说,是以文化所规整的政治。所以《史记》可以说是以文化为骨干之史"②。当然,对历史的记载是无法摆脱政治的,但在《史记》的书写中,司马迁以自己的态度表明,他对历史人物人格的看重更甚于其政治功业。《史

① 司马迁:《史记·十二诸侯年表第二》,中华书局1959年版,第509—510页。

② 徐复观:《两汉思想史》(三),九州出版社2014年版,第290页。

记》中的人物若有“义”之品格，不管是君王还是平民，他都会予以夸赞。因此，司马迁赞扬古代的圣贤尧、舜、禹，不是因为其地位崇高，而是因为其人格崇高。他称赞孔子为“至圣”也是因为其执着传道，具有高山景行的品格。《史记》八书的《礼书》和《乐书》展现了以礼乐陶冶人的文化教化，此外，他对历史上小人物的义行义举同样不吝笔墨进行描写和表彰。

司马迁非常重视对学术文化的整理，并专门为先秦诸子百家的主要人物列传，更将孔子列入世家。又作《儒林列传》，对文化的传承进行梳理。为文学者作传，如《屈原贾生列传》《司马相如列传》等。这亦是《史记》的首创，嗣后形成传统，历代史传都为文化留下一席之地，到《汉书》始列《儒林传》《艺文志》，遂为沿袭。正是《史记》对文化的关注与重视，以及作者本人表现出来的审美意识，使得《史记》成为审美对象具备了可能性。

第三节　如何对《史记》进行美学研究

《史记》显示了具有儒家思想倾向的审美意识：认同重教化的文艺观，在人物评价上看重“义”的品格。但是《史记》本身的审美性是怎样表现出来的呢？不以审美为目的的《史记》在美学史上是怎样的一种存在呢？又该如何对《史记》进行美学研究？

一、寻找《史记》的审美意义

说到《史记》的审美意义，不得不提到《史记》的时代美学特点。《史记》最终成书在汉武帝时期，这一时期的美学特点一般可以概括为“大”与“拙”。“人对世界的征服和琳琅满目的对象，表现在具体形象、图景和意境上，则是力量、运动和速度,它们构成汉代艺术的气势与古拙的基本美学风貌。”①大一统的格局逐渐确立,儒学的中心地位逐步形成,故汉人在思想上推崇“天人感应”,追求胸怀与宇宙之大。汉代文学以“散体大赋”为代表,艺术上的特点是质朴刚健,这一点在汉代石刻及宫殿建制上表现明显。处于这样的时代,审美亦受到“大”的影响,“行为、事迹、动态和戏剧性的情节才成为这里的主要题材和形象图景。一往无前不可阻挡的气势、运动和力量,构成了汉代艺术的美学风格”②,就如《史记》的通史写作。作为贯通三千年的历史著作,《史记》中常常可见“天”即命运对人的影响,从中可感受到《史记》中无所不在的命运感。

《史记》的审美特质与时代审美特点是相适应的,《史记》的审美意义,也就是对《史记》进行的美学研究主要体现在两个方面:一是作者主体性的审美意识,二是《史记》本身所呈现的审美感受。

在《史记》的时代,人们没有主动审美的意识,但对美感的客观体验是存在的,作者的思想意识也具有审美的实有性,在《史记》中表现为对人物进行的主体性评价。宗白华说:“中国美学竟是出发于‘人物品藻’之美学。美的概念、范畴、形容词,发源于人格美的评赏。”“中国艺术和文学批评的名著,谢赫的《画品》,袁昂、庾肩吾的《画品》、钟嵘的《诗品》、刘勰的《文心雕龙》,都产生在这热闹的品藻人物的空气中。”③宗白华认为中国美学始于魏晋的人物品藻,是从审美的自觉性而言的。从审美的主体性确立着眼,其“审美对象结构得到了定型,即有了与文化结构相一致的审美对象结构”④,这标志着美学走向了成熟。魏晋时的人物品藻集中表现在对人物风采、性情、品格之美的品鉴上。品藻人物的风气缘起于东汉末年选拔官员的制度,本是对

---

① 李泽厚:《美的历程》,三联书店 2009 年版,第 84 页。

② 李泽厚:《美的历程》,三联书店 2009 年版,第 85 页。

③ 宗白华:《论〈世说新语〉和晋人的美》,见《美学散步》,上海人民出版社 2005 年版,第 358、359 页。

④ 张法:《中国美学史》,四川人民出版社 2008 年版,第 83 页。

德行和才能的考察，后逐渐发展为对人物品行的评判。与魏晋玄学思想和生命意识结合后，人物品藻的政治学含义也就转变为美学上的含义。

再回到《史记》，《史记》中并没有体现人物品藻的风气，然而《史记》的人物评论却有类似于人物品藻的地方。魏晋人物品藻在《世说新语》中得以集中体现，“从现实社会讲，由《人物志》为代表的政治性品藻，逐渐转换到以《世说新语》为代表的审美性品藻，标记着理想人格的具象化”①。《世说新语》以《德行》《言语》《雅量》《赏誉》《容止》《任诞》《简傲》等为章节名称对人物进行品评。从章节名称看，有从形貌着眼的，有从性格着眼的，有从品格着眼的，也有从个人修养德行着眼的，这与《史记》的人物评价角度有相通的地方。《史记》之前，没有哪一部历史著作表现出如此明确的人物褒贬评价，从《史记》中，我们可以清晰地感受到作者本人的情感倾向。《史记》确定了以人为主的写作方式，司马迁对人物的评论以人物生平行止为基础，《史记》之文亦可以视为司马迁对人物的品评。这种品评虽不以审美为目的，但却体现出作者的主体性色彩，使读者能够理解作者的褒贬所在及对人物的判断，呈现出人物形象的美感。

那么是不是可以说《史记》影响了魏晋的人物品藻呢？事实上，《史记》在魏晋并没有受到广泛重视，“汉晋名贤未知见重”②，因此只能说《史记》的人物评论和作者本身的思想倾向使得《史记》呈现出某些人物品藻的特点，这一点或许对后来人物评价风气的形成有影响。司马迁对高尚人格的赞赏、对个性突出的奇人的描绘使《史记》中的人物评价独树一帜，使后来者对《史记》中的人物形象留下深刻的印象，从而使《史记》中的人物形象亦有了转化为审美形象的可能。

---

① 李泽厚：《华夏美学·美学四讲》，三联书店2008年版，第139页。

② 司马贞：《史记索隐序》，见司马迁：《史记》，中华书局1959年版，附录第7页。

二、从历史人物到审美形象

《史记》中的人物是历史中真实存在的人物，但这并不意味着历史中的人物就是僵硬的标本。

> 在伟大的历史和艺术作品中，我们开始在这种普通人的面具后面看见真实的、有个性的人的面貌。为了发现这种人，我们必须求助于伟大的历史学家或伟大的诗人——求助于象欧里庇得斯或莎士比亚这样的悲剧作家，象塞万提斯、莫里哀或劳伦斯·斯特恩这样的喜剧作家，或者象狄更斯或萨克雷、巴尔扎克或福楼拜、果戈理或陀思妥耶夫斯基这样的现代小说家。诗歌不是对自然的单纯摹仿；历史不是对僵死事实或事件的叙述。历史学与诗歌乃是我们认识自我的一种研究方法，是建筑我们人类世界的一个必不可少的工具。①

通过历史，我们可以窥见时代人生的真实面貌，伟大的历史学家引领我们认识历史，认识人生，也认识我们自己。历史作品伟大与否与作者对史实的掌控和判断能力高低有极大的关系，章学诚认为，合格的历史学家应该“才、学、识”并得，但“三者得一不易，而兼三尤难，千古多文人而少良史，职是故也”②。司马迁的良史之才早有公论，而创作一部优秀的史书意味着不能仅仅是对史实做简单的叙述，更重要的是将历史世界以个性化的眼光建立起来，历史学家们在自己的作品中有论点、有看法，才能建构历史上的那一个世界，让后来的读者得以窥见历史时代的历史场景。从这个意义上来

① 恩斯特·卡西尔：《人论》，甘阳译，上海译文出版社1985年版，第261—262页。

② 章学诚：《文史通义》，吕思勉评，上海古籍出版社2008年版，第65页。

说，历史世界和审美世界本身就有某种程度的相通性。审美世界可以以历史世界的建构为基础，把历史时空中人的生存状态和生存意义予以展示，而情感性与作者的审美判断是联通历史世界和审美世界的桥梁。

正如司马迁在《报任安书》中所云，经历过困厄之后的写作是“退论书策以舒其愤，思垂空文以自见”①，所以在《史记》的写作过程中，司马迁投注了自己的情感和判断。这种感情和判断使得《史记》的人物形象在具备历史的真实性的同时，又增添了文学的感染力及审美的感召力，也使得文本中历史事实的呈现有了情感选择的色彩和审美判断的印记。同时纪传体的编撰手法，使得这部史书呈现出以人为中心的人本主义色彩。《史记》完整地把历史场景中的人的生存方式展现了出来，从中可以看出在具体的历史场域中人与人的关系，人与自我的关系，人与环境、时代的关系，它们共同呈现出历史时代中的人的生存状态。

对《史记》的审美体验，首先是对史书文本的审美体验，它不同于对具有绝对形式感的艺术品的审美体验。图画、音乐等形式感极强的艺术品，其审美体验往往诉诸我们的视觉和听觉感官，对文本的审美体验则诉诸我们的脑力，依靠我们的理解力进行。这种审美体验是一种智力及情感上的游戏，一个具有深刻体悟和充沛情感的人会获得更多的审美体验，因为对《史记》的审美可视为读者与作品之间生命情感的交换。作为审美对象的文本一旦成为审美实际，将进入读者的生命之中，成为读者情感生命的补充。《史记》中呈现的原本是历史人物，他们不是凭想象力虚构的艺术人物，而是历史上实实在在的生存者，在《史记》中通过作者的记叙和评判转化为审美形象。审美形象的特点在于透过文字的叙述而拥有生动可感的外在形象，在历史文化环境中具有类别性的外在表现形式，更重要的是，审美形象的精神内涵所给予读者的美感体验可以使其形成特有的审美符号。这些人物依然是历

① 司马迁：《报任安书》，见班固：《汉书·司马迁传第三十二》，中华书局1962年版，第2735页。

史人物,但却具备了审美形象的精神气质与外在特征。具有美感及能使读者获得美感体验是审美形象区别于一般人物形象的关键。

三、《史记》的审美感受

我们对文本的审美印象主要来自于文本的叙述、结构以及由此构建的整体性内容框架,也就是作者通过文本的外在表现特征所表达的意旨。当文本中的人物形象由于阅读者的审美观照以及文本本身带入的美感成为审美形象的时候,读者便通过进入文本的审美世界,感受到审美形象的文化意义及精神内核而获得了美感。《史记》的美感主要从两个方面得以体现:

(一)外在形态

首先,就外在形态而言,《史记》是由语言文字构筑的,《史记》的语言艺术之美一向受到盛赞:"《史记》传记使用的语言,既不是传统的书面语言也不是当时社会的口语,司马迁对古奥的传统书面语言进行了改造,对当时社会流传的口头语言进行了合理的吸收,进行了语言的艺术加工,创造了通俗易懂、生动活泼、又富有表现力的新的书面语言,即具有新规范的文言,代表了汉代书面语的最高水平。"①《史记》语言简练流畅,全书五十二万余字,却承载了三千年的历史。唐宋八大家力倡古文运动,即在司马迁的著作中汲取过营养,韩愈在《进学解》中称自己的文章"上规姚姒,浑浑无涯,周诰殷盘,佶屈聱牙,《春秋》谨严,《左氏》浮夸,《易》奇而法,《诗》正而葩;下逮《庄》、《骚》,太史所录,子云、相如,同工异曲"②。柳宗元说:"太史公甚峻洁,可以出入。"③

---

① 杨树增:《史记艺术研究》,学苑出版社2004年版,第287页。

② 段青峰:《唐宋八大家文选》,崇文书局2015年版,第7页。

③ 柳宗元:《报袁君陈秀才避师名书》,见《柳河东全集》,中国书店1991年版,第362页。

其次,《史记》以个性化的语言文字建构人物形象,使之成为审美形象。个性形象承接语言艺术而来,艺术而传神的语言可塑造具有个性的人物,成就个性形象之美。《史记》所述并非虚构,人物也不是由艺术加工而来,但是司马迁运用个性化的语言,使得文本中的人物形象栩栩如生,千百年来焕发着夺目的光彩。《史记》中的一些人物形象已经有成为文化符号、美学符号的趋势,虽人物众多却都有各自的面目形象。“《史记》在刻画人物形象时,往往采用以虚补实、以艺术之真补充历史之真的方法,写出人物该说的话、该做的事,甚至写出他们的心理活动。”①《史记》的纪传体体例,本身就是以历史人物为中心进行的写作。在叙述的过程中,司马迁根据人物的行为和事件的结果,以富有个性的对话和心理描写让笔下的人物更为立体和鲜明,这是司马迁“爱奇”的表现。

比如《史记·淮阴侯列传》中,韩信“使人言汉王曰:‘齐伪诈多变,反复之国也,南边楚,不为假王以镇之,其势不定。愿为假王便。’当是时,楚方急围汉王于荥阳,韩信使者至,发书,汉王大怒,骂曰:‘吾困于此,旦暮望若来佐我,乃欲自立为王!’张良、陈平蹑汉王足,因附耳语曰:‘汉方不利,宁能禁信之王乎?不如因而立,善遇之,使自为守。不然,变生。’汉王亦悟,因复骂曰:‘大丈夫定诸侯,即为真王耳,何以假为!’乃遣张良往立信为齐王,征其兵击楚”②。

从史实角度讲,当是韩信乘刘邦被困之机要挟他封己为王,刘邦在此危难关头只能虚与委蛇,答应韩信的要求,以解燃眉之急。刘邦此时想来一定是愤怒的,但他是不是愤怒到当着韩信使者的面就破口大骂呢,其实我们不得而知。但是《史记》中这两处“骂曰”使人物性格一下子生动起来,刘邦气急败坏之余马上又改口挽回,从中可以看出刘邦并非心机深沉之人,气急之时他会不顾形象地发泄,但是他又确实是能屈能伸之人,在谋士的提醒下,

---

① 张新科:《〈史记〉与中国文学》,商务印书馆2010年版,第121页。

② 司马迁:《史记·淮阴侯列传第三十二》,中华书局1959年版,第2621页。

马上对利弊得失有了一个基本的判断。谋士们当时的反应也非常有趣,他们踩着刘邦的脚,咬着刘邦的耳朵,希望刘邦三思而后行。这个小插曲真实地展现了三类人的特性:君王、臣子、谋士。韩信有大功,他迫不及待要求为王,可以看出其为人自恃功高,对政治生态的认识相对幼稚。刘邦胸有大志,为人能屈能伸,一切从有利于自己的角度出发。谋士们清醒精明,着眼于大局。类似的细节描写在《史记》里还有很多,这些细节不一定全与史实相吻合,但是却符合人物个性,最终使读者获得了两方面的审美体验:一是语言结构形成的文字之美,一是具有统一性审美形象的人物之美。

(二)精神内核

审美形象精神内核的内涵比较广泛,包括人物形象所传达的人的生存实质、人在文化环境中的意义以及其存在于评价中的性格特质与情操品格。"历史学家所寻找的毋宁是一个旧时代的精神的物化"①,史传展现当时的场景,在这个场景中活动着无数的历史人物,《史记》以语言文字构筑起历史世界之后,历史人物成为这一个场景中固然存在的人物形象。无数个固有的形象生活在同一个场域中,建构出一个生存世界,传达出这一个世界的美感。这一美感孕育自作者的判断与选择,司马迁的判断与选择除了与其自身学养相关,还有一部分来自于他自己的命运遭际所带来的与历史人物的心理同构感和人格同构感。

司马迁的生平是富有悲剧性的,这种悲剧感不仅源自他的遭遇,更重要的是由他精神的强大和不屈服带来的。当身遭厄运时,反抗得越激烈,自我意识越明确,悲剧感越强烈。身处悲剧境遇中时,如果精神上的痛苦得到消解,找到出路,往往并不成其为悲剧,正是因为无法和现实妥协,悲剧才出现。司马迁身受宫刑,内心深处以为"人固有一死,死有重于泰山,或轻于鸿毛,用之所趋异也。太上不辱先,其次不辱身,其次不辱理色,其次不辱辞

① 恩斯特·卡西尔:《人论》,甘阳译,上海译文出版社 1985 年版,第 261—262 页。

令，其次诎体受辱，其次易服受辱，其次关木索被棰楚受辱，其次剃毛发婴金铁受辱，其次毁肌肤断支体受辱，最下腐刑，极矣”①。他在精神上对所遭遇的厄运感到极度屈辱，难以容忍，“肠一日而九回，居则忽忽若有所亡，出则不知所如往。每念斯耻，汗未尝不发背沾衣也”②。他以精神力对抗现实的方式就是从事更有意义的事业，“究天人之际，通古今之变，成一家之言”。这个目标让他获得精神力的强大支撑，亦不为现实的屈辱处境所压倒，以顽强的毅力对抗残酷的现实，忍辱苟活，写作《史记》。基于这样的背景和思想，司马迁将命运坎坷而不屈的人物描写得尤为生动，在描写这样的人物的时候，他往往会一抒郁勃不平之气。

《史记》中有两位著名的英雄——项羽和李广，他们的一生命运跌宕起伏，以个人能力而言，他们都是战场上当之无愧的英雄，但是他们的归宿却令人唏嘘。项羽败于刘邦之手，李广年老难封，他们共同的选择就是以生命抗争，不接受这屈辱。就个人命运而言，他们的遭际令人扼腕叹息，于审美形象而言，他们树立了悲壮的英雄形象。在时代与“天命”的驾驭下，英雄人物对命运同样有无力感，但他们却绝不屈服，以精神的强大昭示生命力的强大。

四、以人为中心的研究思路

《史记》是对具体历史时代的历史场景的重造，对《史记》进行美学研究有两个出发点：一是《史记》以“人”为中心的写作体例，即突出传主生平和整体形象的纪传体体例；二是司马迁在写作过程中注入的情感以及带有个人色彩的人物评价。这两点也互为因果，因为“写人”，所以注入情感，因为“人

① 司马迁：《报任安书》，见班固：《汉书·司马迁传第三十二》，中华书局1962年版，第2732页。

② 司马迁：《报任安书》，见班固：《汉书·司马迁传第三十二》，中华书局1962年版，第2736页。

写”,所以以人为观察中心。

每一个个体都具备审美的可能性,从外貌到心灵,从情感到气质,在经过感受与判断后,最终均可形成总体的审美形象,得到审美评价。

> 伟大历史学家们的才能正是在于:把所有单纯的事实都归溯到它们的生成(fieri),把所有的结果都归溯到过程,把所有静态的事物或制度都归溯到它们的创造性活力。①

历史场景中的人物同样具有审美的可能性,因为历史中的人其实也固定地生活在历史场景中,等待着读者的审美眼光来将其唤醒。“历史学家并不只是给予我们一系列按一定的编年史次序排列的事件。对他来说,这些事件仅仅是外壳,他在这外壳之下寻找着一种人类的和文化的生活——一种具有行动与激情、问题与答案、张力与缓解的生活。”②历史所表现的也是人的生存状态和生存本质。

> 历史学的理想性与艺术的理想性并不是一回事。艺术借助某种炼金术式的过程给予我们一种对人类生活的理想描述;它把我们的经验生活转化为纯形式的原动力。历史学并不采取这种方式。它并不超出事物和事件的经验实在,而是把这种实在浇铸成一种新的样态,给予它以回忆的理想性。在历史学中人生仍然是一出伟大的逼真的戏剧,有着它一切的张力和冲突、高贵与痛苦、希望与幻觉、活力与激情的表现。然而,这出戏剧并不仅仅被感受到,而且是被直观到的。当我们仍然生活在充满情感和激情的经验世界中时,在历史的镜子中看到这种场面,我们就意识到了明晰

---

① 恩斯特·卡西尔:《人论》,甘阳译,上海译文出版社1985年版,第235页。
② 恩斯特·卡西尔:《人论》,甘阳译,上海译文出版社1985年版,第237页。

宁静——纯粹观照的澄明恬淡——的内在含义。①

艺术品是艺术家创造的产物,艺术家以现实生活为素材,将其芜杂的表层剥离,以自己的精神气质塑造生活的实质和精神含义并予以呈现。历史场景进入审美世界也是将曾经真实存在的世界展现出来,让读者找寻到历史场景的真实意义,感受人在历史场景中的真实状态。《史记》作为审美对象,对历史场景的重造也是通过具有审美性的形态与结构完成的。

历史讲述已然发生的事实,但是在历史场域中,一直是"人"的活动在起作用,时间的长河中总是活跃着一个个"人"的身影,影响世界进程的历史事件中,也是属"人"的各项机制在发挥着作用,历史事件发生的重大时刻往往也是人性与人格熠熠发光的时刻。每一个时代有一个时代的"人","人"在各个时代以自己的行为和情感塑造着历史的风貌。《史记》的美感来自于《史记》中的"人",因此,对《史记》的美学研究也是以"人"为中心,从人的审美形象着眼的。《史记》提供了广阔历史年代中的人物群像,从黄帝到汉武帝,体例包括本纪、表、书、世家、列传等,其中详细记叙人物事迹始末的主要集中于本纪、世家和列传。本书的研究重点也是本纪、世家和列传中的人物:首先梳理《史记》中的人物审美形象以及司马迁带有情感性的个性化人物评价,在此基础上提取《史记》的审美感受。从"人"的命运轨迹中,可以看出《史记》中人的生存状态及行为模式对后来的审美感悟和审美选择带来的影响及其发展脉络。

以司马迁非常倾慕的历史人物孔子为例,司马迁写《孔子世家》时叙述了孔子的生平。孔子在《史记》中是个永不停止自己脚步的传道者,一个符合中国主流审美的"士人"形象:

孔子生鲁昌平乡陬邑。其先宋人也,曰孔防叔。防叔生伯夏,

① 恩斯特·卡西尔:《人论》,甘阳译,上海译文出版社1985年版,第260—261页。

伯夏生叔梁纥。纥与颜氏女野合而生孔子，祷于尼丘得孔子。鲁襄公二十二年而孔子生。生而首上圩顶，故因名曰丘云。字仲尼，姓孔氏。①

这是《史记》惯常采用的人物背景介绍方式，后来的史书也好，小说也好，在描写和塑造人物的时候，大多采用这样的方法介绍其来历。

丘生而叔梁纥死，葬于防山。防山在鲁东，由是孔子疑其父墓处，母讳之也。孔子为儿嬉戏，常陈俎豆，设礼容。孔子母死，乃殡五父之衢，盖其慎也。郰人挽父之母诲孔子父墓，然后往合葬于防焉。

孔子要绖，季氏飨士，孔子与往。阳虎绌曰："季氏飨士，非敢飨子也。"孔子由是退。

孔子年十七，鲁大夫孟釐子病且死，诫其嗣懿子曰："孔丘，圣人之后，灭于宋。其祖弗父何始有宋而嗣让厉公。及正考父佐戴、武、宣公，三命兹益恭，故鼎铭云：'一命而偻，再命而伛，三命而俯，循墙而走，亦莫敢余侮。饘于是，粥于是，以糊余口。'其恭如是。吾闻圣人之后，虽不当世，必有达者。今孔丘年少好礼，其达者欤？吾即没，若必师之。"及釐子卒，懿子与鲁人南宫敬叔往学礼焉。是岁，季武子卒，平子代立。②

这一段叙述孔子少年时的经历，并以他人的话语对孔子进行评价，所谓"寓论断于序事"，又述及此时期在孔子身上发生的其他大事，这也是《史记》惯常使用的人物出场方式和叙事方式。

---

① 司马迁：《史记·孔子世家第十七》，中华书局1959年版，第1905页。

② 司马迁：《史记·孔子世家第十七》，中华书局1959年版，第1906—1908页。

《孔子世家》记录了孔子在鲁国虽受到重用,但其政治主张还是不能完全施行。后孔子周游列国十四年,在这个过程中,司马迁详细记述了孔子与各国君王、大臣的交流,以及与众弟子的互动。孔子循循善诱,因材施教,展现了不凡的政治理想和人生情怀。最终他回到鲁国,退而教学。司马迁的叙述重点不在于孔子的施政方略,而在于孔子儒家思想引导下的人生经历——他的失败与传道。孔子在中国历史上的地位是很高的,尤其是在思想史和教育史方面,孔子的思想在后世影响尤为深远。司马迁倾慕孔子,将孔子列入"世家",并把孔子视为自己困厄之时的榜样,从这个角度出发,司马迁在描述孔子生平时重点择取了他周游列国、游说诸侯的经历。

从人物类型来看,孔子是"士人",有着"士人"的人格理想和追求,孔子的一生是汲汲追求的一生。司马迁在记述过程中,经常把年代与孔子当时的年龄结合在一起,从时间上彰显孔子的一生,同时也表现了孔子年岁渐长而政治抱负无由实现的悲凉之感。《史记》中,很多孔子的语言和平生事迹来源于《论语》,有些甚至是《论语》原文,但是《论语》中的"侍坐篇"却没有被纳入《孔子世家》中。侍坐篇在《论语》中本是篇幅较长的一章,表现出一种闲适的志趣,而《孔子世家》呈现的更多是"士人"的坚毅决心,这或许是侍坐篇未曾被提及的原因。从有志于学到西狩获麟,叹息"吾道穷矣",孔子的一生其实也是悲剧性的一生,带有某种命中注定的意味。

> 鲁哀公十四年春,狩大野。叔孙氏车子钼商获兽,以为不祥。仲尼视之,曰:"麟也。"取之。曰:"河不出图,洛不出书,吾已矣夫!"颜渊死,孔子曰:"天丧予!"及西狩见麟,曰:"吾道穷矣!"喟然叹曰:"莫知我夫!"子贡曰:"何为莫知子?"子曰:"不怨天,不尤人,下学而上达,知我者其天乎!"①

① 司马迁:《史记·孔子世家第十七》,中华书局1959年版,第1942页。

把西狩获麟与孔子最钟爱的弟子颜渊之死并立而叙述，一句“天丧予”，彰显了孔子此时悲凉的心境。这里留下了一个具有悲剧性的人物形象，而在并不顺遂的命运面前，孔子面对现实，坐而著述，潜心教学，终享学者代代祭祀，后学门人亦学有所成。所以在记述孔子生平事迹时，司马迁会择选孔子的思想进行介绍，并描写其对弟子进行教育的场景。

孔子的形象代表着中国文化中主流的“士人”形象。他永不止步，永不停歇，因而成为历代士人的榜样。类似的形象在中国历史中反复出现，比如上下求索的屈原、想要致君尧舜的杜甫、热血染汗青的文天祥……他们代表着一种主流的审美倾向，即追求人格完美，以身传道，不以己为念。这种形象近似于美学中的崇高形象，但是比之于西方戏剧中的崇高形象又多了一份坚韧和执着。西方戏剧中的崇高形象更易于断裂，形象的完成和悲剧的结局联系更紧密。中国主流审美形象中的“士人”形象不止步于悲剧，而更重视精神的重生和人生的再度选择，其形象的意义还在于对后来者的启示和示范。司马迁在文后评述：

> 诗有之：“高山仰止，景行行止。”虽不能至，然心乡往之。余读孔氏书，想见其为人。适鲁，观仲尼庙堂车服礼器，诸生以时习礼其家，余祗回留之不能去云。天下君王至于贤人众矣，当时则荣，没则已焉。孔子布衣，传十余世，学者宗之。自天子王侯，中国言《六艺》者折中于夫子，可谓至圣矣！①

《孔子世家》围绕孔子的个人生平展开记述，孔子的喜怒哀乐、毕生追求、平生好尚都在文本中得以体现，更重要的是，《史记》留下了值得传颂的个人形象的精神内核，这种精神内核是孔子作为审美形象得以确立的立足点。通过这个立足点，后人能够感受到孔子的士人品格及其人格力量和思想强度。

---

① 司马迁：《史记·孔子世家第十七》，中华书局1959年版，第1947页。

第二章

人物评论与审美形象呈现

第一节 《史记》审美世界的建构

古代文学中,“史”“文”之间的界限并不分明,后代的散文改革曾以学习《史记》文章为号召,中国古典小说也从史传传奇中汲取营养。《史记》在中国小说史上占有源头性的地位,亦体现了相应的审美思想。对于《史记》,鲁迅有一句著名的评价:“史家之绝唱,无韵之离骚。”这表明在《史记》的“实录”之中,包含着“诗”的特点。《离骚》通过诗人的精神游历展现诗人的情感,《史记》则通过作者对历史中人的生存状态的描述塑造审美形象,建构起独特的审美世界,传达出人的情感与思想。

一、对生存状态的介入关注

《史记》以纪传体体例,记叙了从黄帝到汉武帝三千多年的历史,有十二本纪,三十世家,七十列传,所记人物众多。“一部《史记》,记录了四千多个人物,其中给人以深刻印象的有一百多人。”①这些存在于历史空间的历史人物在《史记》记录的时间中出没行动,后来者可以通过《史记》所构建的历史时空感知那个时代的人的生存状态。

> 富有创造性的艺术家,其全部劳动的目的,就在于建立一个协调一致的结构整体;在于建立一种物质的东西,通过这样,把人类

① 韩兆琦:《史记讲座》,广西师范大学出版社2017年版,第149页。

> 生活的某个方面或某个片断容纳在某种形式的结构里面。这种物质的东西，就是艺术作品。它把我们带入那样的一个世界，在那里，我们的精神生活，我们的各种能力和心理机能，都突然而又奇妙地达到了和谐。①

《史记》的审美世界来自对历史人物的如实描述，体现了“实录”精神。经过感性思维的过滤，司马迁在文本中展现了自己的情感倾向及以此为导引的人物评判，建构了具有作者自我特色的人物形象体系。这种体系的建构以作者本人对描摹对象的介入与关注为基础，作者面对的是千年的历史和在历史中沉浮的无数历史人物，而在司马迁笔下出现的人物，尤其是予人深刻印象的人物，往往都带有他本人情感的注入。司马迁出身史官世家，担负父亲遗命，立志治史，对人物的命运和生存状态有深切的关注。

在《史记》中，人的生存状态主要通过两个方面表现：

其一是人物做了什么，即这一历史时空中的人是怎样生存的，他们以何种方式留下自己的人生轨迹。这也是《史记》中人物生存状态的主要表现方式。在真实的普通生活中，我们都是以自己的言行在呈现和证明自己，但《史记》不是要描写某一个个体的单独的行为或言语，而是要呈现整个时代的人的行为轨迹。在这个轨迹中，人与人之间、人与环境之间都存在着若干的联系，因此《史记》中人物的生存状态也就通过个体在时空环境中的碰撞得以整体呈现。

其二是人物成为了什么。这是经历式的呈现。《史记》对人的描述以传记为主，司马迁通过记录传主的人生历程呈现人的归宿，以动态的历程展现人的生存状态的本质，进而塑造个体审美形象。而要最终使人物形象转变为审美形象，则需要对人物进行审美性传达，使形象本身具有审美的可

---

① 李斯托威尔：《近代美学史评述》，蒋孔阳译，安徽教育出版社 2007 年版，第 79 页。

能性。

二、审美形象的凸显

所谓审美形象,可以视之为带给我们审美感受的人物形象,这样的人物形象具有观赏意味和类别性质,没有功利性与目的性。历史形象在习惯性认知中是作为真实形象呈现的,要将之转化为审美形象,关键在于要赋予形象美感和可欣赏性。要达到这个目的,历史形象要满足两个条件:一是形象本身要具备艺术代表性,二是能取得读者的审美共识。《史记》中历史形象的艺术代表性来自于作者的情感塑造与情感判断,它们体现在司马迁的人物评论中,司马迁的评论使得人物形象有了情感创造的特征。与之相适应,情感的创造带来情感的共鸣,进而使读者对人物产生审美期待。这与现实世界的人物形象亦可做一类比,现实世界的人亦可成为审美形象,一个人的审美形象往往通过他的形貌特征、生活习惯、性格爱好等得以体现,观赏者只能通过其言行进行感知,感知的最终结果是形成统一的人物印象,从而产生整体的审美感受。不过,在现实生活中,对于身边的普通人的有意审美是比较罕见的,我们对普通人的审美感知往往来自特定事件的偶发触动。也就是说,普通人要成为审美形象,还有赖于观赏者通过观赏其言行把握人物的精神实质。

《史记》中的审美形象的确立,有赖于审美主体对历史人物的感受和体察,这种感受和体察首先是通过对《史记》的文本解读和人物类型的清晰判断获取的。司马迁考察特定历史时期和历史场景中人物的言行,进而对人物的精神实质进行把握,最终构建相应的文化符号。不同于现实世界中对个体可以进行全方位的体察,文本中的判断是受作者牵引的。读者可以通过作者的情感倾向形成自己的审美判断,把握人物行动轨迹背后的精神实质和情感追求,形成整体性的审美感受。由此,审美形象也最终得以确立,并建构起独有的审美世界。

第二节 《史记》中的人物类别

生存状态是人的本质的集中呈现。《史记》描写人物众多,本节从篇目出发,首先对他们进行简单的分类。

一、《史记》所记的人物

《史记》作为史书,主要记叙的是推动历史发展的人物,他们可分为六种类型:君王、贵族与士人、将领、女性、小人物以及边陲政要。其中,君王、贵族与士人、将领、小人物是按照人物身份来分类的,边陲政要指按地域划分的西南夷、朝鲜、匈奴等边陲政权的重要人物。本书将女性单独作为一个分类,其主要人物与其他类别也有重合之处,比如吕后既可以列入君王类,亦可以列入女性类。这虽然不是完全精确规范的分类法,但是这样划分可以让我们对《史记》所记述的人物有比较全面的认知。

(一)君王

《史记》中,君王的事迹主要记录于本纪和世家。本纪写一统天下的君王,值得一提的是,吕后辅佐高祖成就大业,后以太后身份摄政,故亦列入其中。世家为诸侯立传,其中,孔子身份特殊,其学说思想为后世楷模,汉“独尊儒术”,故亦列入。汉兴时的功臣封侯者有列入世家的,他们不属于君王类别。西周时分封的各诸侯,至春秋战国时多已不服周王号令,自成一统,故也列在君王类别。刘邦立朝,分封子弟同姓王,单列一类。因此本类别符合条件的篇目如下:《五帝本纪》《夏本纪》《殷本纪》《周本纪》《秦本纪》《秦始皇本纪》《项羽本纪》《高祖本纪》《孝文本纪》《孝景本纪》《孝武本纪》《吴太伯世家》《齐太公世家》《鲁周公世家》《燕召公世家》《管蔡世家》《陈杞世家》《卫康叔世家》《宋微子世家》《晋世家》《楚世家》《韩世家》《田敬仲完世家》《陈涉世家》《楚元王世家》《荆燕世家》《齐悼惠王世家》《梁孝王世家》《五宗世家》《三王世家》《吴王濞列传》等。《吕太后本纪》因系女性类属,故将吕太后事迹列入女性类阐释。

君王形象具体又可分为以下几种类型:一是开创型君主。这一类君主是有作为的君主,自身有能力,对王朝有首创之功。二是守成君主。所谓守成君主,是指在王朝延续过程中起平安过渡作用的君主。守成君主在《史记》的君王形象中数量是比较多的,但是相应的描写篇幅却不算多,一般无事的情况司马迁会一笔带过。不过也有些守成君主在位时做出过成绩,虽然不像开创型君主那样能够开创时代,却也使国家经济社会发展,受到人民的爱戴。三是荒淫昏乱君主。此类君主在《史记》中亦占有一定的篇幅,包括亡国之君和行为放纵、不检点,导致国家受到损害的君主。四是汉封子弟。刘邦兴汉之后,大封同姓王,实行郡县制与分封制并举的治理方略,汉文帝、汉景帝、汉武帝也分别分封过子侄,这些“王”与先秦诸侯割据时期的君王情形并不一样,因此本书将汉封子弟单列一类。

(二)贵族与士人

士人在《史记》人物形象中所占的位置非常重要,相关篇幅很多。“士”的概念经历过一番演变,最早指武士,后来指低级贵族,再后来指知识阶层,本书中的“士”指知识阶层,他们任过官职,以智识效忠于君王或以此谋生。《史记》中对士的记述集中在列传中,世家中亦有少数篇章。本书将除了君王以外的上层贵族与士人列为一类,因为《史记》中出现的上层贵族在历史的发展过程中,亦投身于时代的洪流,对国家、对自我有所要求,这一点与“士”的人生追求有相似之处。同时,先秦至汉易代之时,很多世家贵族往往失位,实际上也慢慢进入了“士”的行列。综上,此类别符合要求的篇目如下:《孔子世家》《萧相国世家》《曹相国世家》《留侯世家》《陈丞相世家》《伯夷列传》《管晏列传》《老子韩非列传》《伍子胥列传》《仲尼弟子列传》《商君列传》《苏秦列传》《张仪列传》《樗里子甘茂列传》《穰侯列传》《孟子荀卿列传》《孟尝君列传》《平原君虞卿列传》《魏公子列传》《春申君列传》《范雎蔡泽列传》《鲁仲连邹阳列传》《屈原贾生列传》《吕不韦列传》《李斯列传》《张耳陈馀列传》《张丞相列传》《刘敬叔孙通列传》《袁盎晁错列传》《张释之冯唐列传》《万石张叔列传》《田叔列传》《魏其武安侯列传》《司马相如列传》《平津侯主父列传》《循吏列传》《汲郑列传》《儒林列传》《酷吏列传》《佞幸列传》等。

司马迁在论及朝廷官吏时，按照官吏的作为、性质分别将之归入《循吏列传》《酷吏列传》《佞幸列传》《儒林列传》等，此处将士人也大致分为几类：一是传道者。传道者指的是有自己的学派见解，并对后世影响很大的人，如诸子百家诸人。二是有为者。有为者指在历史中发挥积极作用的那一部分人，他们是有能力的人，身居高位或要害地位，在历史事件中有着举足轻重的作用，从个人意愿出发也希望有所作为。本书将一些上层贵族列入"士"中，并不是很符合传统意义上对"士"的定义，一般认为春秋战国时期的"士"应该确指底层贵族，但笔者认为，当时的一些上层贵族也有期望实现自身抱负的理想，但却没有君王的地位，为了与君王类别相区分，应将他们列入其中，比如著名的战国四公子。三是游说者。游说者指以言辞说动人主施行自己的政治主张的智识之士，他们往往东奔西走，四处游说。同时，游说者要鼓动听者，除了辩才了得，更重要的还是要有见识，方能了解天下大势，惑动人心。四是文学者。文学者主要指以文学名世者。五是隐逸者。隐逸者指不愿为官的归隐者。六是平庸者。七是奸佞者。其中，有为者与游说者所占篇幅较多，就人物行为目的而言，其实这两类人都是积极有为的，将游说者单列一类只是为了将他们的行为性质做一个明确的说明。隐逸者在《史记》中数量有限，为传主的仅有鲁仲连、伯夷、叔齐及晚年的张良、范蠡等。平庸者所占比例更少，为传主的仅有万石君石奋一家。

（三）将领

将领是指那些晋升之初就带兵打仗，并以军功著称的人。虽然有些做过将军的人后来官至丞相,但因其以军功著称,故还是将他们放入将领类属中。本类别中符合条件的篇目有:《绛侯周勃世家》《司马穰苴列传》《孙子吴起列传》《白起王翦列传》《乐毅列传》《廉颇蔺相如列传》《田单列传》《蒙恬列传》《魏豹彭越列传》《黥布列传》《淮阴侯列传》《韩信卢绾列传》《田儋列传》《樊郦滕灌列传》《傅靳蒯成列传》《季布栾布列传》《韩长孺列传》《李将军列传》《卫将军骠骑列传》等。他们在诸侯争霸、逐鹿中原、保卫家国等方面都发挥过重要的作用,甚至决定了历史的走向,可以说《史记》所记叙的将领大都是积极有为的。

(四)女性

《史记》对女性的描写并不多,她们多是以历史人物的母亲、妻子、姐妹或者女儿的形象出现的,独立自主的形象极少。这也反映了当时的历史事实,反映了女性的生存状态。在《史记》中,专章叙述女性的篇目不多,仅有《吕太后本纪》和《外戚世家》两篇。其余女性形象都是在历史事件的发生过程中出现的,比如《周本纪》中的褒姒、《晋世家》中的骊姬、《孔子世家》中的南子、《陈杞世家》中的夏姬、《刺客列传》中聂政的姐姐、《廉颇蔺相如列传》中的赵括母、《陈丞相世家》中的王陵母、《淮阴侯列传》中的漂母、《孝文本纪》中的缇萦等。《货殖列传》中的巴寡妇尚算独立自主的操持家业者,但《史记》对她的记述也是惊鸿一顾,未知首尾。《孝文本纪》《孝景本纪》及同时代的世家、列传中亦有言及后宫嫔妃、公主者,如薄太后、窦太后、卫子夫、陈皇后、长公主等。

(五)小人物

小人物在《史记》中所占的篇幅不算多,但是却给人留下了深刻的印象。本书所说的小人物是指没有任过官职的平民,或者曾为小吏、在官场上无足轻重的人。《史记》中专章叙述小人物的有《扁鹊仓公列传》《刺客列传》《游侠列传》《滑稽列传》《日者列传》《货殖列传》。其他篇章中亦有一些对小人物的描写,比如《淮阴侯列传》中逼使韩信受胯下之辱的泼皮,《商君列传》中拒绝收留商鞅的客舍主人,《屈原贾生列传》中屈原行吟江边时遇到的渔父,《郑世家》中用自己的牛去劳军而警告敌军的弦高,《魏公子列传》中的侯嬴、朱亥,《项羽本纪》中的乌江亭长,等等。

(六)边陲政要

边陲政权指中原政权之外的少数民族政权,《史记》中有专门为其政要作传的篇目,包括《匈奴列传》《南越列传》《东越列传》《朝鲜列传》《西南夷列传》《大宛列传》,其中亦言及彼时彼地的君臣事迹等。

二、《史记》中具有对应性的人物类别

在《史记》建构的历史环境中,人物多有相关性,彼此之间往往相对应而存在。这种对应关系不仅表现在人物身份的对立上,还表现为彼此行为的相互对照与结构对应,这些对应关系使《史记》中的众多人物彼此交织与影响,构成波澜壮阔的时代图景和人的生存场景。

(一)成功者与失败者

成功与失败是一组反义词,此处意指个人功业方面。在《史记》中,联结成功者与失败者的核心是命运。在《史记》的历史大舞台上,这样相对应而出现的形象往往具有利益冲突,他们之间存在彼此争斗的关系。《史记》中这样的组合最著名的如勾践与夫差、秦始皇与山东六国的君王、刘邦与项羽等,包括围绕在他们身边的各自阵营。

命运成为联结成功者与失败者的核心,其原因在于二者的最终结局并不完全是历史因果律作用的结果,更有历史的偶然性因素在起作用。勾践与夫差之争的结果固然是勾践及谋士苦心经营所得来的,但这其中也有夫差宽恕对手、信任宿敌致使自己命运反转的因素。夫差一意孤行,不听劝

谏,杀死了忠心的大臣,但失败身死的结局就是他应得的下场吗?胜利的君王与失败的君王,其个人行为其实并没有本质上的区别,夫差当日为父复仇时何尝不是励精图治,意气风发?历史和命运的残酷在于,争斗中必然有成功有失败,而这非关个人的成就与品格。秦始皇统一六国之后,六国依然反抗不绝,并不认为秦始皇的胜利就是历史的必然。刘邦与项羽在人格形象和个人才具方面皆有高下之别,但其成功失败却并不是由个人品格决定的。所以在《史记》的成功者与失败者之间,成功者并不都令人仰慕,有时反而是失败者的形象更为光辉。在个人形象方面,如吕后与戚夫人也曾经是后宫中的对手,相较于成功的吕后,被做成人彘的戚夫人更令人同情。因此可以说在《史记》中,面对命运的无情威压,更具有艺术美感和欣赏性的却往往是失败的一方。

(二)君主与臣下

君主与臣下体现身份上的一种对应:有君主,必有需要驾驭的臣下;有臣下,必有需要效忠的君主——联结这两者的核心是秩序。在中国传统文化中,秩序的外观是"礼"。《史记》"八书"专门为《礼书》辟一章节,并将之列为"八书"之首,由此可见秩序的重要性。"至秦有天下,悉内六国礼仪,采择其善,虽不合圣制,其尊君抑臣,朝廷济济,依古以来。至于高祖,光有四海,叔孙通颇有所增益减损,大抵皆袭秦故。"①一直以来,君臣之间就存在着一定的秩序以及仪式性的礼制外观。

《史记》所记载的君臣相交模式主要包括以下几种:

其一,秩序井然,君臣皆不失仪。这在《史记》中比较少见,除了上古贤君如尧舜禹的统治时期外,就只在国家草创或和平时短期内出现过,如勾践力求复仇时的君臣合契。

其二,君臣失序。君臣失序的情况比较多,也比较复杂,一般可分为两

① 司马迁:《史记·礼书第一》,中华书局1959年版,第1159页。

类。一类是臣子逆犯君主,比如三家分晋、七国之乱。但是如果君主暴戾无道,那么臣民的反抗就是合理的天命所归,比如夏商周的朝代更迭、秦朝的二世而亡,而在臣下的结构组成中,反抗一定要加入“民”的成分,才能彰显天命所归。另一类或是君主自身有过错,如周幽王烽火戏诸侯、陈灵公君臣淫乐,与之相对应的是君主自己为此付出惨重代价;或是君主对臣下处置不当,如屈原受到放逐,伍子胥、文种被迫自刎,晁错身着朝服被处死于东市,李广终生未得封侯,等等。这样的君臣关系因失去了秩序性与和谐性,抗争与情感冲突也就随之产生。

其三,君臣无道,表现为君主与佞臣的关系。这一类别中,君主可能表面上维持与臣下和谐的秩序性关系,但因为臣为“佞臣”,所以在礼制中这并不合乎规定,亦不符合君臣之道。比如夫差信任伯嚭、秦二世信任赵高,其结果并不是国家大治。《佞幸列传》《酷吏列传》中的一些臣子或媚上取宠,或行为酷烈,杀人唯恐不尽,却受君主重用。这样的关系并不是合乎礼制的君臣和谐有道的关系。

(三)君子与小人

君子与小人指向对个体言行的判断与评价,其间有褒贬意义,区分这两者的核心是品行。君子与小人这一对关系不同于前两种关系,成功者与失败者是相对立的,有成功则必有失败,在共同的利益角逐中他们是对立的两方。君主与臣下体现的是秩序上不得不遵照的尊卑关系,二者亦是对应性的存在。而君子与小人主要是一种道德评价,关乎个体的品行表现。在具体的历史场域中,君子与小人并不是必然的共有存在,而只是对人物行为的一种评价。

《史记》在人物评价上一向有自身的褒贬态度,其对个人德行的评判也是明确的。综合《史记》中的人物和人物评价可知,司马迁对君子小人的判断分野在于人物言行是否能保持自身品格的完整、符合礼义的标准,这种评价并不以事功为依据。在成功者与失败者之间,《史记》更赞赏有德行的失败者，比如写刘邦与项羽之争，司马迁承认刘邦得天下系天命所归，但就个人德行和人格魅力而言，司马迁同情的是失败的项羽。作为成功者的秦始皇在《史记》中则是以暴君形象呈现的。在君臣关系中以媚取上的佞臣就堪称小人，汉武帝时代，与匈奴作战的将军中，卫青是地位最高、军功最大的，但在司马迁看来，他并不是符合礼义标准的君子，“大将军为人仁善退让，以和柔自媚于上，然天下未有称也”①。对君王一味顺从，体现不了人格的独立个性。与司马迁这句论断相应的，是卫青讨好武帝新宠的事实：“是时王夫人方幸于上，甯乘说大将军曰：‘将军所以功未甚多，身食万户，三子皆为侯者，徒以皇后故也。今王夫人幸而宗族未富贵，愿将军奉所赐千金为王夫人亲寿。’大将军乃以五百金为寿。”②卫青本因身为外戚而贵，复以讨好武帝新宠延续富贵。相反，李广终生没有封侯。在与匈奴的战斗中，他威震敌军，有自己的意志与品格，爱兵如子，勇于承担责任，与之相应，司马迁在《史记》中言：“广廉，得赏赐辄分其麾下，饮食与士共之。终广之身，为二千石四十余年，家无余财，终不言家产事。”③这段评论表现了其人品的高贵，所以他死后“军士大夫一军皆哭。百姓闻之，知与不知，无老壮皆为垂涕”④。二人品格的高低在《史记》的行文中自然地显现出来。所以司马迁在《史记》人物的构建中，自然而然地对人物做出了判断，这种判断是一种人物评价，非出于事功，而是对人物品貌精神的捕捉和褒贬，在这个意义上，它已近于审美判断。

---

① 司马迁:《史记·卫将军骠骑列传第五十一》,中华书局 1959 年版,第 2939 页。
② 司马迁:《史记·卫将军骠骑列传第五十一》,中华书局 1959 年版,第 2929 页。
③ 司马迁:《史记·李将军列传第四十九》,中华书局 1959 年版,第 2872 页。
④ 司马迁:《史记·李将军列传第四十九》,中华书局 1959 年版,第 2876 页。

第三节 《史记》中的人物评论

司马迁写作《史记》时,在记述人物生平事迹的基础上,还对人物进行评价,形成了“一家之言”。《史记》中的人物评论分为三种类型:“寓论断于序事”的人物评论、夹叙夹议的人物评论、“太史公曰”中的人物评论。

一、“寓论断于序事”的人物评论

“寓论断于序事”是《史记》中非常重要的人物评价方法,指通过人物行动过程引出评论,做出判断。“寓论断于序事”并非直接对人物进行评价,而是通过记叙中的评判、他人或本人具有论断性质的话语对人物或事件进行评论。

> 古人作史,有不待论断,而于序事之中即见其指者,惟太史公能之。《平准书》末载卜式语,《王翦传》末载客语,《荆轲传》末载鲁句践语,《晁错传》末载邓公与景帝语,《武安侯田蚡传》末载武帝语,皆史家于序事中寓论断法也。①

“寓论断于序事”是太史公书的特点,指的是在《史记》的书写过程中,司马迁通过记叙即可表达对人物事件的态度倾向与评价。顾炎武举的几个例子,都是借他人之口对人物进行的评价。

《平准书》原文:“是岁小旱,上令官求雨。卜式言曰:‘县官当食租衣税

---

① 顾炎武:《史记于序事中寓论断》,见《顾炎武全集·日知录》,严文儒、戴扬本校点,上海古籍出版社2012年版,第979页。

而已,今弘羊令吏坐市列肆,贩物求利。亨弘羊,天乃雨。'"①借卜式的话对桑弘羊与民争利的行为进行批评,态度十分鲜明。《白起王翦列传》中,"或曰:'王离,秦之名将也。今将强秦之兵,攻新造之赵,举之必矣。'客曰:'不然。夫为将三世者必败。必败者何也?必其所杀伐多矣,其后受其不祥。今王离已三世将矣。'居无何,项羽救赵,击秦军,果虏王离,王离军遂降诸侯"②。此处表达的是对秦军发动战争杀人的不满以及天命昭示的必然性。《刺客列传》中,"鲁句践已闻荆轲之刺秦王,私曰:'嗟乎,惜哉其不讲于刺剑之术也!甚矣吾不知人也!曩者吾叱之,彼乃以我为非人也!'"③借鲁句践之口对荆轲学剑不精令事不成表示惋惜,也表达了对荆轲的敬意。《袁盎晁错列传》篇末引邓公与汉景帝的对话,"上问曰:'道军所来,闻晁错死,吴楚罢不?'邓公曰:'吴王为反数十年矣,发怒削地,以诛错为名,其意非在错也。且臣恐天下之士噤口,不敢复言也!'上曰:'何哉?'邓公曰:'夫晁错患诸侯强大不可制,故请削地以尊京师,万世之利也。计画始行,卒受大戮,内杜忠臣之口,外为诸侯报仇,臣窃为陛下不取也。'于是景帝默然良久,曰:'公言善,吾亦恨之。'"④通过对话评议晁错一心为汉室除弊却被冤杀之事。《魏其武安侯列传》末载武帝语,"上曰:'使武安侯在者,族矣。'"⑤对魏其侯、武安侯争胜一事的是非也隐然有了判断。

顾炎武选择的五个评断在文中都出现于篇末,属于借他人话语进行的判断。《史记》中像这样于行文中寓论断的例证有很多:其中既有得失判断、道德评价,也有人物评价;既有借历史人物之口传达的评价,也有在记叙中直抒胸臆的评论式判断。正是因为有了叙事中的论断,《史记》行文才体现

① 司马迁:《史记·平准书第八》,中华书局1959年版,第1442页。

② 司马迁:《史记·白起王翦列传第十三》,中华书局1959年版,第2341—2342页。

③ 司马迁:《史记·刺客列传第二十六》,中华书局1959年版,第2538页。

④ 司马迁:《史记·袁盎晁错列传第四十一》,中华书局1959年版,第2747—2748页。

⑤ 司马迁:《史记·魏其武安侯列传第四十七》,中华书局1959年版,第2855页。

出了作者的思想倾向及审美观,人物形象才能审美化。《史记》是一部历史著作,司马迁也是以历史书写的方式在写作,因此对司马迁审美观的认知来自于我们对于当时历史时代的文化解读和对《史记》本身的审美解读。《史记》中的人物评价与魏晋时期的人物品藻有相类似的地方,它的审美意味没有魏晋人物品藻那么明确而强烈,但从中也可以窥见作者对人物的品评以及态度。在《史记》中,"寓论断于序事"的人物评论可以分为以下三类:

(一)对人物形貌的评判

《史记》的纪传体体例有助于读者对人物进行整体性观照,《史记》的人物传记并不像小说那样有对人物形貌的具体刻画,但是司马迁在行文过程中对人物形貌的论述评断,构成了人物的形貌轮廓。

《项羽本纪》就是通过人物评论深化了项羽其人的形象。本纪开始,司马迁就写道:"籍长八尺余,力能扛鼎,才气过人,虽吴中子弟皆已惮籍矣。"① 不仅对其异于常人的形貌予以介绍,还评论其除勇武外,兼且才气过人,令人钦佩,这又是项羽气质出众之处。在敌军重围之下,项羽仍然在形貌上保持霸王的风采,"项王大呼驰下,汉军皆披靡,遂斩汉一将。是时,赤泉侯为骑将,追项王,项王瞋目而叱之,赤泉侯人马俱惊,辟易数里"②。汉军披靡、赤泉侯人马惊惧是司马迁对当时形势的评判,展现了项王的英雄气概和八面威风。同样是在《项羽本纪》中,司马迁在记述鸿门宴时对樊哙的描写也很精彩,"哙遂入,披帷西向立,瞋目视项王,头发上指,目眦尽裂"③,所谓"头发上指,目眦尽裂"亦是司马迁对当时情形下樊哙形貌的评判。作者用项王声口评价其为"壮士",樊哙也确实当得起壮士之名。

《李将军列传》中,作者对传主的形貌评判与李广的英雄形象相契合。传记开始就以文帝之口表现李广的"勇武"和"不遇时"两大特征,这也成为

① 司马迁:《史记·项羽本纪第七》,中华书局1959年版,第296页。

② 司马迁:《史记·项羽本纪第七》,中华书局1959年版,第334页。

③ 司马迁:《史记·项羽本纪第七》,中华书局1959年版,第313页。

李广人生悲剧的根源。“文帝曰:‘惜乎,子不遇时!如令子当高帝时,万户侯岂足道哉!’”①后又论及李广的卓异才能,“典属国公孙昆邪为上泣曰:‘李广才气,天下无双,自负其能,数与虏敌战,恐亡之。’”②而“匈奴闻之,号曰‘汉之飞将军’”③,是以敌人的评语展示将军的风采。又借名将程不识之口对李广用兵进行评价:“李广军极简易,然虏卒犯之,无以禁也;而其士卒亦佚乐,咸乐为之死。”④深化了李广不拘常规、不愿受拘束的性格和深受士兵爱戴的人格魅力。在匈奴军层层围困下,“会日暮,吏士皆无人色,而广意气自如,益治军”⑤。“意气自如”亦是对李广神色形貌的评判,体现了李广勇气过人、从容不迫的品质。正是因为具有这样的品格才情,李广的命运才更展现出悲剧色彩,李广之死才让天下人为之叹惋。

《刺客列传》中,易水边太子宾客们送别荆轲时身着白衣冠的形貌描写,结合荆轲绝不回顾的豪迈之气突出了他此去的慷慨悲壮;《屈原贾生列传》中,对屈子行吟于江畔“颜色憔悴,形容枯槁”的刻画,亦突显了屈子精神的高洁。司马迁通过形貌评判展现了人物的精神世界,对人物形貌的论断实际上也刻画出了人物的精神特质。

(二)对人物精神的展现

对人物精神的刻画是画神之术,司马迁通过评判对人物进行精神特质的提取。

《刘敬叔孙通列传》通过鲁国儒生的话对叔孙通进行评价:“公所事者且十主,皆面谀以得亲贵。”⑥其后又以高祖的反应与之对应,叔孙通为高祖制

---

① 司马迁:《史记·李将军列传第四十九》,中华书局 1959 年版,第 2867 页。
② 司马迁:《史记·李将军列传第四十九》,中华书局 1959 年版,第 2868 页。
③ 司马迁:《史记·李将军列传第四十九》,中华书局 1959 年版,第 2871 页。
④ 司马迁:《史记·李将军列传第四十九》,中华书局 1959 年版,第 2870 页。
⑤ 司马迁:《史记·李将军列传第四十九》,中华书局 1959 年版,第 2873 页。
⑥ 司马迁:《史记·刘敬叔孙通列传第三十九》,中华书局 1959 年版,第 2722 页。

定礼仪后,“于是高帝曰:‘吾乃今日知为皇帝之贵也。’乃拜叔孙通为太常,赐金五百斤。”①表现了叔孙通的阿谀之态及高祖的愉悦之情。与之相对照,《魏其武安侯列传》中,“灌夫为人刚直使酒,不好面谀”,“不喜文学,好任侠,已然诺”。② 嗣后也描写了他不畏权贵、使酒骂座的场景。又《平津侯主父列传》写公孙弘“为人意忌,外宽内深”③,对他的个人精神特质予以评判,并以其对人对事的反应作为佐证。

《秦始皇本纪》中,“侯生卢生相与谋曰:‘始皇为人,天性刚戾自用,起诸侯,并天下,意得欲从,以为自古莫及己。专任狱吏,狱吏得亲幸。博士虽七十人,特备员弗用。丞相诸大臣皆受成事,倚辨于上。上乐以刑杀为威,天下畏罪持禄,莫敢尽忠。上不闻过而日骄,下慑伏谩欺以取容。秦法,不得兼方不验,辄死。然候星气者至三百人,皆良士,畏忌讳谀,不敢端言其过。天下之事无小大皆决于上,上至以衡石量书,日夜有呈,不中呈不得休息。贪于权势至如此,未可为求仙药。’”④作者判断秦始皇“刚戾自用”“贪于权势”,并用大量事例予以说明,表示不可为其效力,也反映了秦始皇帝王之道的失败。

《淮阴侯列传》篇首写韩信“始为布衣时,贫无行,不得推择为吏,又不能治生商贾,常从人寄食饮,人多厌之者”⑤,其中“贫无行”“人多厌之”俱是对韩信微贱之时情状的判定,刻画了其微贱时的精神气质。到萧何连夜追韩信时,作者又借萧何之口描述韩信的精神特质:“诸将易得耳。至如信者,国士无双。王必欲长王汉中,无所事信;必欲争天下,非信无所与计事者。”⑥其“国士无双”的论断给韩信为刘邦的事业立下不世之功做了铺垫。

---

① 司马迁:《史记·刘敬叔孙通列传第三十九》,中华书局1959年版,第2723页。
② 司马迁:《史记·魏其武安侯列传第四十七》,中华书局1959年版,第2847页。
③ 司马迁:《史记·平津侯主父列传第五十二》,中华书局1959年版,第2951页。
④ 司马迁:《史记·秦始皇本纪第六》,中华书局1959年版,第258页。
⑤ 司马迁:《史记·淮阴侯列传第三十二》,中华书局1959年版,第2609页。
⑥ 司马迁:《史记·淮阴侯列传第三十二》,中华书局1959年版,第2611页。

《万石张叔列传》篇首言“高祖与语,爱其恭敬”,为万石公的精神特质定了基调,万石公一家始终保持恭敬的精神特质,遇事唯唯,生怕出错。所以他们作为历史中的平庸者反而保持了一生的富贵与平安。《赵世家》中,赵武灵王在赵国推行胡服骑射后,“诈自为使者入秦。秦昭王不知,已而怪其状甚伟,非人臣之度”①,以敌国君主的视角对赵武灵王的精神风貌予以评价,益发彰显了赵武灵王的勇气和过人之处。

形貌评价与精神刻写不能截然分开,形貌描写是对精神特质的外显。《越王勾践世家》中,勾践复仇成功后,范蠡留书给文种称“越王为人长颈鸟喙,可与共患难,不可与共乐”②,这是对越王的形貌描述,更是通过形貌对越王品行进行的判断。《史记》在对项羽和李广进行形貌品评时也自然展现了其内在精神。

对形貌和精神特质的评价是针对人物本身的品格而言的,《史记》中的人物评价并不同于魏晋时对外貌个性品格的有目的的审美鉴赏,但是这种针对人物品格的品评,是基于个人思想与好恶进行的。这种评价除了直接针对个体的形貌与精神品格之外,也反映了其生命态度。

(三)对世态人情与生命态度的评判

世态人情和生命态度并不是《史记》书写的主题,但它们对人物的生存状态和精神品格的展示具有极大的作用。《史记》在对人物进行讲述时,常兼及时代与世态。对世态人情的描写反映了司马迁看待现实的态度,对生命态度的描写则显示了司马迁本人的理想人格。

司马迁对世态有着非常深刻的认识,这与司马迁早年博览群书、游历天下有很大的关系。在他的亲身经历中,也有身当灾祸之时,“家贫,财赂不足

① 司马迁:《史记·赵世家第十三》,中华书局1959年版,第1812—1813页。

② 司马迁:《史记·越王勾践世家第十一》,中华书局1959年版,第1746页。

以自赎,交游莫救,左右亲近不为一言”①的惨痛记忆,所以他对世态有着比较清醒的看法。《史记》表现世态炎凉最著名的段落是《苏秦列传》中,有关苏秦成功前后的两段描写:成功前连父母亲人都对他不理不睬,深表嫌弃,而他一旦成功,亲人马上改容相向,朋友也希望可以分得好处,全然忘记了以前曾经唾弃过苏秦的事实。苏秦对此的评论是:“此一人之身,富贵则亲戚畏惧之,贫贱则轻易之,况众人乎!”②一个人被看重的不是本身的价值和情感联系,而是其身上附带的权势富贵。这一节描述《战国策》中亦有,但立足点略有不同,《史记》冷静地叙述现实,重在评论人情冷暖——贫贱之时连亲人也会嫌弃,何况一般人。《战国策》的感叹点在“人生世上,势位富贵,盖可忽乎哉!”③突出个人对富贵权势的追求,表现的是游说之士游说人主、力求富贵的场景。两相对比,不难看出司马迁对于世态人情的感慨。

主父偃的故事类此。主父偃贫困之时“结发游学四十余年,身不得遂,亲不以为子,昆弟不收,宾客弃我”④,后来为齐相,诸君迎其千里,到最后被武帝所杀时,却只有一人为其收葬:“主父方贵幸时,宾客以千数,及其族死,无一人收者,唯独洨孔车收葬之。”⑤在司马迁笔下,趋炎附势、趋利避害才是人生中的常态,甚至是跨越时代的常情。

所以当卜式为平灭匈奴自愿无偿捐出自己的财产时,却遭到官员的质疑。丞相对天子说:“此非人情。不轨之臣,不可以为化而乱法,愿陛下勿许。”⑥世态常情使人们不相信有人可以无目的地献出财产,这是对人性自私本色的推论,反过来亦可知人情之常其实是以利己为本色的。

---

① 司马迁:《报任安书》,见班固:《汉书·司马迁传第三十二》,中华书局1962年版,第2730页。

② 司马迁:《史记·苏秦列传第九》,中华书局1959年版,第2262页。

③ 刘向集录:《战国策》,姚宏、鲍彪等注,上海古籍出版社2015年版,第51—52页。

④ 司马迁:《史记·平津侯主父列传第五十二》,中华书局1959年版,第2961页。

⑤ 司马迁:《史记·平津侯主父列传第五十二》,中华书局1959年版,第2962页。

⑥ 司马迁:《史记·平准书第八》,中华书局1959年版,第1432页。

这种世态人情是对历史人生的如实描述,也就是"实录",但反过来,司马迁对人情世态也有自己的理想,他更愿意看到世态中"有情"的那一部分,所以他会赞许品行无私、以义为重的人。"虞卿既以魏齐之故,不重万户侯卿相之印,与魏齐间行,卒去赵,困于梁。魏齐已死,不得意,乃著书,上采《春秋》,下观近世,曰《节义》、《称号》、《揣摩》、《政谋》,凡八篇。以刺讥国家得失,世传之曰《虞氏春秋》。"①虞卿无私援助魏齐,"不重万户侯卿相之印",视富贵如粪土,自有立身的品格。漂母对韩信也是以纯粹的同情心加以援助,不期待报偿。"母怒曰:'大丈夫不能自食,吾哀王孙而进食,岂望报乎!'"②这是漂母对自身行为的自述。渔父无私地对伍子胥施以援手,不计金钱回报。"父曰:'楚国之法,得伍胥者赐粟五万石,爵执珪,岂徒百金剑邪!'"③不接受伍子胥的报偿,是渔夫对自身行为的自许,这与商君奔逃之际受自己制定的严刑峻法所累,得不到任何援助完全不可同日而语。

于是在司马迁的笔下,在《史记》的世界里,无情的世态中依然存在"义"的品格和无私的品行。司马迁又进一步通过对生命态度的描画,评论他所喜爱、敬重的人格品行。

《李将军列传》中,司马迁通过人物评论使得李广的才能勇气都得以明确展现,又通过李广之死的描写,进一步展示李广的人格。李广在上官"急责"时,背负起所有的责任,称"诸校尉无罪,乃我自失道。吾今自上簿"。临死,李广叹息道:"广结发与匈奴大小七十余战,今幸从大将军出接单于兵,而大将军又徙广部行回远,而又迷失道,岂非天哉!且广年六十余矣,终不能复对刀笔之吏。"④对自己的人生历程进行总结,把失误归因于天,引刀自刭而死。对死亡他并不畏惧,让他难以忍受的是屈辱。这是种义不受辱的品格,拥有这种品格的人对生命的价值非常重视,在面对可能到来的屈辱或

① 司马迁:《史记·平原君虞卿列传第十六》,中华书局1959年版,第2375页。
② 司马迁:《史记·淮阴侯列传第三十二》,中华书局1959年版,第2609页。
③ 司马迁:《史记·伍子胥列传第六》,中华书局1959年版,第2173页。
④ 司马迁:《史记·李将军列传第四十九》,中华书局1959年版,第2876页。

者与自己的价值体系相违背的结局时,他们会选择结束自己的生命。

霸王项羽也以这样壮烈的方式结束了自己的生命。项羽的骄傲让他难以面对渡江苟活、接受家乡父老悲悯的可能结局,他宁愿相信他的失败只是天意,而不是因自己无能,于是他亲手结束了自己的生命。“项王笑曰:‘天之亡我,我何渡为!且籍与江东子弟八千人渡江而西,今无一人还,纵江东父兄怜而王我,我何面目见之?纵彼不言,籍独不愧于心乎?’”①与李广将失误归因于天命如出一辙,项羽的自评亦显示了他身为英雄的自负。《鲁仲连邹阳列传》中有一位无名燕将,鲁仲连劝说其投降以保全城池,燕将“犹豫不能自决。欲归燕,已有隙,恐诛;欲降齐,所杀虏于齐甚众,恐已降而后见辱”②。这是他对形势的判断,因不愿被辱,他最终选择自杀。《田单列传》中有一个叫王蠋的人,燕军破齐后,请王蠋为将,并威胁他如果不从就要屠城,王蠋拒绝从命,自言“忠臣不事二君,贞女不更二夫”,“遂经其颈于树枝,自奋绝脰而死”③,在生命与正义之间,他毫不犹豫地选择了“义”。

在针对生命态度的论断中,《史记》树立了“义”高于生命的价值判断标准。这样的人格高出于庸众人格。《史记》常写出一种壮烈之死:出于个人意愿自蹈死地,同时或以自我的话语或以旁人的论断,将他们对死亡和道义的看法表达出来。这种勇于面对死亡的态度反映并影响了中国人对生命态度的认识,也使后世的人们实践着生命的道德审美准则。

二、夹叙夹议的人物评论

夹叙夹议的论断是指司马迁在叙事中直接提出自己的观点,通过对人物言行的直接议论表达对人物的看法和判断。这种形式的人物评论将作者本人的思想倾向表现得更加明晰。

---

① 司马迁:《史记·项羽本纪第七》,中华书局1959年版,第336页。
② 司马迁:《史记·鲁仲连邹阳列传第二十三》,中华书局1959年版,第2469页。
③ 司马迁:《史记·田单列传第二十二》,中华书局1959年版,第2457页。

《屈原贾生列传》是《史记》中最为著名的夹叙夹议的篇章,司马迁毫不隐讳地表现出对屈原的喜爱之情。这篇传记在《史记》中篇幅并不算长,且是合传,但极能体现《史记》的风格和司马迁的审美观。

司马迁给予了屈原浓墨重彩的描述,首先评判屈原的才能,勾勒其"博闻强志,明于治乱,娴于辞令"①的干才形象,随后用"入则与王图议国事,以出号令;出则接遇宾客,应对诸侯。王甚任之"②的论断展现了屈原在楚国政坛上的重要地位,让人感受到当时屈原辅佐怀王、深受重用的威仪,同时也进一步评判了屈原本人的能力。此时屈原的外在形象是出身高贵、能力卓越,超于常人。第二段描写屈原得罪朝臣、失宠于楚王的经过。这是对事件的如实描述,展现了屈原忠于职守、不愿同流合污的耿介个性,同时表现了屈原除了富有能力外的其他形象特征。在这段一开始,是非曲直就非常明确,上官大夫"争宠而心害其能",故"馋之"。第三段是对屈原的评价:

> 屈平疾王听之不聪也,谗谄之蔽明也,邪曲之害公也,方正之不容也,故忧愁幽思而作《离骚》。离骚者,犹离忧也。夫天者,人之始也;父母者,人之本也。人穷则反本,故劳苦倦极,未尝不呼天也;疾痛惨怛,未尝不呼父母也。屈平正道直行,竭忠尽智以事其君,谗人间之,可谓穷矣。信而见疑,忠而被谤,能无怨乎?屈平之作《离骚》,盖自怨生也。《国风》好色而不淫,《小雅》怨诽而不乱。若《离骚》者,可谓兼之矣。上称帝喾,下道齐桓,中述汤武,以刺世事。明道德之广崇,治乱之条贯,靡不毕见。其文约,其辞微,其志洁,其行廉,其称文小而其指极大,举类迩而见义远。其志洁,故其称物芳。其行廉,故死而不容自疏。濯淖污泥之中,蝉蜕于浊秽,以浮游尘埃之外,不获世之滋垢,皭然泥而不滓者也。推此志也,

① 司马迁:《史记·屈原贾生列传第二十四》,中华书局1959年版,第2481页。
② 司马迁:《史记·屈原贾生列传第二十四》,中华书局1959年版,第2481页。

虽与日月争光可也。①

司马迁高度赞美了屈原的人品文章，着重展现屈原本人在其文章中表现出的高洁品质。他没有完全按照直录史实的传统仅仅记录事件的过程，而是站在自己的角度对屈原进行评价，其中渗透着司马迁自己的人生感悟。他对《离骚》给予了高度的赞扬，认为其纵横上下，文气连贯，这也是屈原文采风范的具体展现。司马迁对屈原的人品也给予了高度赞扬，认为其可与日月争光。这个段落中，司马迁的态度十分鲜明，对传主的偏爱也很明显，由此可以看出司马迁的审美倾向。他欣赏屈原高尚的人格、出众的才能，更欣赏屈原的文采以及文字中流露出来的高洁的志向。

之后的段落叙述屈原被疏远之后，楚国渐渐被秦国蚕食以致怀王被秦国所获的经过。司马迁评论了楚怀王忠奸不明，屈原一心报国却无可奈何之情：

屈平既嫉之，虽放流，眷顾楚国，系心怀王，不忘欲反，冀幸君之一悟，俗之一改也。其存君兴国而欲反覆之，一篇之中三致志焉。然终无可奈何，故不可以反，卒以此见怀王之终不悟也。人君无愚智贤不肖，莫不欲求忠以自为，举贤以自佐，然亡国破家相随属，而圣君治国累世而不见者，其所谓忠者不忠，而所谓贤者不贤也。怀王以不知忠臣之分，故内惑于郑袖，外欺于张仪，疏屈平而信上官大夫、令尹子兰。兵挫地削，亡其六郡，身客死于秦，为天下笑。此不知人之祸也。《易》曰：‘井泄不食，为我心恻，可以汲。王明，并受其福。’王之不明，岂足福哉！②

① 司马迁：《史记·屈原贾生列传第二十四》，中华书局1959年版，第2482页。

② 司马迁：《史记·屈原贾生列传第二十四》，中华书局1959年版，第2485页。

紧接着，司马迁描写了屈原与渔父的对话。在对话中，渔父之言代表的是世俗的观点，它与屈原高洁的思想进行碰撞，益发显示出屈原的高贵。屈原在对话中表达自己的价值判断："宁赴常流而葬乎江鱼腹中耳，又安能以皓皓之白而蒙世俗之温蠖乎！"①经过国家丧乱，屈原形容枯槁，但是仍然心念故国，以光明的心地、不愿同流合污的心态，最终毅然赴死，成就了他在中国历史和文化中高洁的个人形象。通过司马迁的评论，屈原的外在气质和内在心灵完美结合，其高尚的品德、不朽的才华、对国家君王的执着被明确地表现出来。屈原成为一个受历代文人推崇的知识分子形象：有能力，有品格，不愿同流合污，志向高洁，宁为玉碎，不为瓦全。

《伯夷列传》的议论性质更浓，文中有关伯夷、叔齐的事迹叙述不多，更多的是司马迁抒愤懑的论述。以伯夷、叔齐有治国之才却饿死在首阳山上为立论出发点，司马迁抨击天道不公，善恶不明，好人得不到好的结果，坏人却得以寿终。伯夷、叔齐对武王伐纣叩马而谏，从儒家道德而论显示出极高的道德修养，但上天却给予他们饿死的结局，他们自己也作"采薇"之歌，似乎对命运有所质疑。司马迁的思想是趋向儒家的，"通古今之变"的追求也意味着他期望对历史的变迁规律有所发现。《伯夷列传》中的评论虽由人物入手，却更重在展现司马迁自己的历史观。历史发展的规律是他在《史记》的写作过程中一直探索的，所谓"网罗天下放失旧闻，王迹所兴，原始察终，见盛观衰，论考之行事，略推三代，录秦汉，上记轩辕，下至于兹，著十二本纪，既科条之矣。并时异世，年差不明，作十表。礼乐损益，律历改易，兵权山川鬼神，天人之际，承敝通变，作八书。二十八宿环北辰，三十辐共一毂，运行无穷，辅拂股肱之臣配焉，忠信行道，以奉主上，作三十世家。扶义俶傥，不令已失时，立功名于天下，作七十列传。凡百三十篇，五十二万六千五百字，为《太史公书》"②。在《伯夷列传》中，司马迁对历史的潮流和上天所

① 司马迁：《史记·屈原贾生列传第二十四》，中华书局1959年版，第2486页。

② 司马迁：《史记·太史公自序第七十》，中华书局1959年版，第3319页。

示提出了疑问,以这一篇夹叙夹议的人物评论为引,司马迁发出对人生的追问。除《屈原贾生列传》《伯夷列传》之外,《史记》中夹叙夹议的篇目还有《游侠列传》《儒林列传》《孟子荀卿列传》等,这些篇目中均有在人物传记之外直接表达自己看法和观点的议论性文字。

在《史记》的人物评论中,除了“寓论断于序事”和夹叙夹议的评论方式以外,还有一种评论以论赞即“太史公曰”的形式呈现。

三、“太史公曰”中的人物评论

论赞是《史记》记叙中的一个重要形式,指的是司马迁在文章中的议论,其主要构成部分是“太史公曰”,因而论赞有时就被称为“太史公曰”。“太史公曰”在文中的位置不定,置于篇末的较多,但也有一部分是八书十表中的序言性议论或章节之中的议论。

(一)“太史公曰”的类型

“太史公曰”的形式受到了先秦典籍“君子曰”等的影响,《左传》中的“君子曰”比较常见,不过《左传》中的“君子曰”并非表达作者的言论和观点,而是假托名言及经典中的语言进行的评论,其关注的是道德价值层面。《史记》中的“太史公曰”也引用孔子、老子的论述和《诗经》《礼记》中的语言,但比之于“君子曰”,“太史公曰”在文中的地位更为重要。司马迁独立评论的内容更多,明确表达了作者本人对于历史、人物的态度和看法,具有强烈的主体性色彩。

司马迁在篇章末尾,以“太史公曰”起始做出评论。或对人物事迹性格做一番评论,如《越王勾践世家》《项羽本纪》《萧相国世家》《曹相国世家》《留侯世家》《陈丞相世家》《绛侯周勃世家》《老子韩非列传》《孙子吴起列传》《伍子胥列传》《商君列传》《苏秦列传》《张仪列传》《白起王翦列传》《春申君列传》《李斯列传》《韩信卢绾列传》《袁盎晁错列传》《万石张叔列传》

《田叔列传》《吴王濞列传》《循吏列传》《日者列传》；或总结历史事件的经验教训，如《高祖本纪》《吕太后本纪》《孝文本纪》《孝景本纪》《魏世家》《楚元王世家》《齐悼惠王世家》《匈奴列传》《淮南衡山列传》；或抒发自身感想，如《吴太伯世家》《齐太公世家》《鲁周公世家》《燕召公世家》《管蔡世家》《陈杞世家》《卫康叔世家》《晋世家》《楚世家》《郑世家》《韩世家》《孔子世家》《荆燕世家》《管晏列传》《司马穰苴列传》《樗里子甘茂列传》《穰侯列传》《平原君虞卿列传》《范雎蔡泽列传》《廉颇蔺相如列传》《田单列传》《鲁仲连邹阳列传》《屈原贾生列传》《刺客列传》《蒙恬列传》《张耳陈馀列传》《魏豹彭越列传》《黥布列传》《田儋列传》《张丞相列传》《郦生陆贾列传》《傅靳蒯成列传》《刘敬叔孙通列传》《季布栾布列传》《张释之冯唐列传》《扁鹊仓公列传》《魏其武安侯列传》《李将军列传》《平津侯主父列传》《南越列传》《东越列传》《朝鲜列传》《司马相如列传》《汲郑列传》《酷吏列传》；或对有关事例进行补充，如《孝武本纪》《淮阴侯列传》《吕不韦列传》《樊郦滕灌列传》《卫将军骠骑列传》《游侠列传》《佞幸列传》；或补充说明历史地理事实，如《五帝本纪》《夏本纪》《殷本纪》《周本纪》《秦本纪》《宋微子世家》《赵世家》《五宗世家》《三王世家》《仲尼弟子列传》《孟尝君列传》《魏公子列传》《乐毅列传》《韩长孺列传》《西南夷列传》《大宛列传》。

除了少数几篇以外，司马迁在几乎所有的篇目末尾都以“太史公曰”的形式进行了评赞，其中本纪有十一赞，世家有二十九赞，列传有六十三赞。同“寓论断于序事”和夹叙夹议的人物评论一样，“太史公曰”也是司马迁进行人物评论的一种形式。通过“太史公曰”，他将自己的观点和判断表现出来。

（二）“太史公曰”中的人物评论类型

《史记》就其写作目的而言首先是一部史书，所以在“太史公曰”中，对历史事实进行评论与补充的文字不在少数，但因司马迁秉持以记人为中心的历史观，所以人物传记中的“太史公曰”也有对人物的评价。

在某些篇章中，“太史公曰”依然存在先秦典籍中道德评判的痕迹，这主要集中在本纪、世家等家族谱系式的记录文本中，时间主要集中在秦统一六国以前。《吴太伯世家》中，“太史公曰：孔子言‘太伯可谓至德矣，三以天下让，民无得而称焉’。余读《春秋》古文，乃知中国之虞与荆蛮句吴兄弟也。延陵季子之仁心，慕义无穷，见微而知清浊。呜呼，又何其闳览博物君子也！”①对延陵季子之仁进行了表彰。《鲁周公世家》中，“太史公曰：余闻孔子称曰‘甚矣鲁道之衰也！洙泗之间断断如也’。观庆父及叔牙闵公之际，何其乱也？隐桓之事；襄仲杀嫡立庶；三家北面为臣，亲攻昭公，昭公以奔。至其揖让之礼则从矣，而行事何其戾也？”②对不符合仁义礼仪秩序的行为予以批评。

在以个人为传主的篇目中，“太史公曰”的人物评论风格比较多元化。

有从形貌方面入手的，例如《留侯世家》中的“太史公曰”：“学者多言无鬼神，然言有物。至如留侯所见老父予书，亦可怪矣。高祖离困者数矣，而留侯常有功力焉，岂可谓非天乎？上曰：‘夫运筹策帷帐之中，决胜千里外，吾不如子房。’余以为其人计魁梧奇伟，至见其图，状貌如妇人好女。盖孔子曰：‘以貌取人，失之子羽。’留侯亦云。”③评论张良秀美如妇人，以外貌与品格能力的差异来突出张良惊人的才能。与此相似的还有《李将军列传》的“太史公曰”：“传曰‘其身正，不令而行；其身不正，虽令不从’。其李将军之谓也？余睹李将军悛悛如鄙人，口不能道辞。及死之日，天下知与不知，皆为尽哀。彼其忠实心诚信于士大夫也？”④《游侠列传》的“太史公曰”：“吾视郭解，状貌不及中人，言语不足采者。然天下无贤与不肖，知与不知，皆慕其声，言侠者皆引以为名。”⑤论及李广与郭解时，都把其外貌和真实才干进行

① 司马迁：《史记·吴太伯世家第一》，中华书局1959年版，第1475页。
② 司马迁：《史记·鲁周公世家第三》，中华书局1959年版，第1548页。
③ 司马迁：《史记·留侯世家第二十五》，中华书局1959年版，第2049页。
④ 司马迁：《史记·李将军列传第四十九》，中华书局1959年版，第2878页。
⑤ 司马迁：《史记·游侠列传第六十四》，中华书局1959年版，第3189页。

对比,突出传主的风采。李广、郭解俱是相貌平平、不善言辞之人,却得到天下人的景慕。反观《平原君虞卿列传》中,“太史公曰:平原君,翩翩浊世之佳公子也,然未睹大体。鄙语曰‘利令智昏’,平原君贪冯亭邪说,使赵陷长平兵四十余万众,邯郸几亡”①。平原君外貌俊美,却于国事有误,与前面三人恰形成对比。由此,外形与实际才能的对比形成审美张力,彰显了人物的个性特点。《项羽本纪》中,“太史公曰:吾闻之周生曰‘舜目盖重瞳子’,又闻项羽亦重瞳子。羽岂其苗裔邪?何兴之暴也!”②对项羽外貌上的特征进行描写,也引出了对项羽成败事迹的历史教训总结。

有针对性格特质的评价,如《曹相国世家》的“太史公曰”:“曹相国参攻城野战之功所以能多若此者,以与淮阴侯俱。及信已灭,而列侯成功,唯独参擅其名。参为汉相国,清静极言合道。然百姓离秦之酷后,参与休息无为,故天下俱称其美矣。”③总结曹相国清静无为的思想及与之相应的施政方略。又如《陈丞相世家》的“太史公曰”:“陈丞相平少时,本好黄帝、老子之术。方其割肉俎上之时,其意固已远矣。倾侧扰攘楚魏之间,卒归高帝。常出奇计,救纷纠之难,振国家之患。及吕后时,事多故矣,然平竟自脱,定宗庙,以荣名终,称贤相,岂不善始善终哉!非知谋孰能当此者乎?”④论述陈丞相善用奇计,足智多谋。《商君列传》中,“太史公曰:商君,其天资刻薄人也。迹其欲干孝公以帝王术,挟持浮说,非其质矣。且所因由嬖臣,及得用,刑公子虔,欺魏将印,不师赵良之言,亦足发明商君之少恩矣。余尝读商君开塞耕战书,与其人行事相类。卒受恶名于秦,有以也夫!”⑤《孙子吴起列传》中,“太史公曰”:“吴起说武侯以形势不如德,然行之于楚,以刻暴少恩亡其

---

① 司马迁:《史记·平原君虞卿列传第十六》,中华书局1959年版,第2376页。

② 司马迁:《史记·项羽本纪第七》,中华书局1959年版,第338页。

③ 司马迁:《史记·曹相国世家第二十四》,中华书局1959年版,第2031页。

④ 司马迁:《史记·陈丞相世家第二十六》,中华书局1959年版,第2062—2063页。

⑤ 司马迁:《史记·商君列传第八》,中华书局1959年版,第2237页。

躯。悲夫!”[①]对商鞅和吴起都有其人刻薄的评价。《伍子胥列传》中的“太史公曰”:“怨毒之于人甚矣哉！王者尚不能行之于臣下,况同列乎！向令伍子胥从奢俱死,何异蝼蚁。弃小义,雪大耻,名垂于后世,悲夫！方子胥窘于江上,道乞食,志岂尝须臾忘郢邪？故隐忍就功名,非烈丈夫孰能致此哉？白公如不自立为君者,其功谋亦不可胜道者哉!”[②]认为伍子胥能“弃小义,雪大耻”,是刚烈之人。《孟尝君列传》中的“太史公曰”:“世之传孟尝君好客自喜,名不虚矣。”[③]评价孟尝君好宾客,但又慕虚荣。《魏公子列传》的“太史公曰”:“吾过大梁之墟,求问其所谓夷门。夷门者,城之东门也。天下诸公子亦有喜士者矣,然信陵君之接岩穴隐者,不耻下交,有以也。名冠诸侯,不虚耳。”[④]评论信陵君不耻下交,对魏公子真正谦恭下士的品格表示敬佩。

有针对人物行为的评价,如《萧相国世家》中,“太史公曰:萧相国何于秦时为刀笔吏,录录未有奇节。及汉兴,依日月之末光,何谨守管籥,因民之疾秦法,顺流与之更始。淮阴、黥布等皆以诛灭,而何之勋烂焉。位冠群臣,声施后世,与闳夭、散宜生等争烈矣”[⑤]。评论萧何以兴汉业绩而不朽,也是兴汉功臣中少有的得善终者,所以能“声施后世”。《绛侯周勃世家》的“太史公曰”:“绛侯周勃始为布衣时,鄙朴人也,才能不过凡庸。及从高祖定天下,在将相位,诸吕欲作乱,勃匡国家难,复之乎正。虽伊尹、周公,何以加哉!亚夫之用兵,持威重,执坚刃,穰苴曷有加焉！足己而不学,守节不逊,终以穷困。悲夫!”[⑥]论及追随高祖后,周勃父子二人俱善用兵且有功于汉室,可惜结局不佳。《魏豹彭越列传》的“太史公曰”:“魏豹、彭越虽故贱,然已席卷千里,南面称孤,喋血乘胜日有闻矣。怀畔逆之意,及败,不死而虏囚,身

① 司马迁:《史记·孙子吴起列传第五》,中华书局1959年版,第2169页。
② 司马迁:《史记·伍子胥列传第六》,中华书局1959年版,第2183页。
③ 司马迁:《史记·孟尝君列传第十五》,中华书局1959年版,第2363页。
④ 司马迁:《史记·魏公子列传第十七》,中华书局1959年版,第2385页。
⑤ 司马迁:《史记·萧相国世家第二十三》,中华书局1959年版,第2020页。
⑥ 司马迁:《史记·绛侯周勃世家第二十七》,中华书局1959年版,第2080页。

被刑戮,何哉?中材已上且羞其行,况王者乎! 彼无异故,智略绝人,独患无身耳。得摄尺寸之柄,其云蒸龙变,欲有所会其度,以故幽囚而不辞云。”①论及魏豹、彭越生平颇具传奇性,赞赏他们遭幽囚不死而欲有所为的行为,这与司马迁自己的遭遇亦相关。《廉颇蔺相如列传》中的“太史公曰”:“知死必勇,非死者难也,处死者难。方蔺相如引璧睨柱,及叱秦王左右,势不过诛,然士或怯懦而不敢发。相如一奋其气,威信敌国,退而让颇,名重太山,其处智勇,可谓兼之矣!”②赞叹蔺相如在紧急关头智勇双全,而又能为国谦抑自让。《鲁仲连邹阳列传》中的“太史公曰”:“鲁连其指意虽不合大义,然余多其在布衣之位,荡然肆志,不诎于诸侯,谈说于当世,折卿相之权。邹阳辞虽不逊,然其比物连类,有足悲者,亦可谓抗直不桡矣,吾是以附之列传焉。”③鲁仲连荡然不屈,邹阳抗直不桡,二人为传主,表明司马迁愿意为正道直行者立传。《张仪列传》中的“太史公曰”:“三晋多权变之士,夫言从衡强秦者大抵皆三晋之人也。夫张仪之行事甚于苏秦,然世恶苏秦者,以其先死,而仪振暴其短以扶其说,成其衡道。要之,此两人真倾危之士哉!”④对苏秦、张仪纵横游说的行为进行评价。

有对品格的尊崇,如《孔子世家》的“太史公曰”:“《诗》有之:‘高山仰止,景行行止。’虽不能至,然心乡往之。余读孔氏书,想见其为人。适鲁,观仲尼庙堂车服礼器,诸生以时习礼其家,余祗回留之不能去云。天下君王至于贤人众矣,当时则荣,没则已焉。孔子布衣,传十余世,学者宗之。自天子王侯,中国言《六艺》者折中于夫子,可谓至圣矣!”⑤表明孔子传承学说,教育子弟,故为“至圣”。《季布栾布列传》中,“太史公曰:以项羽之气,而季布

---

① 司马迁:《史记·魏豹彭越列传第三十》,中华书局 1959 年版,第 2595 页。

② 司马迁:《史记·廉颇蔺相如列传第二十一》,中华书局 1959 年版,第 2451—2452 页。

③ 司马迁:《史记·鲁仲连邹阳列传第二十三》,中华书局 1959 年版,第 2479 页。

④ 司马迁:《史记·张仪列传第十》,中华书局 1959 年版,第 2304 页。

⑤ 司马迁:《史记·孔子世家第十七》,中华书局 1959 年版,第 1947 页。

以勇显于楚，身屦(典)军搴旗者数矣，可谓壮士。然至被刑戮，为人奴而不死，何其下也！彼必自负其材，故受辱而不羞，欲有所用其未足也，故终为汉名将。贤者诚重其死。夫婢妾贱人感慨而自杀者，非能勇也，其计画无复之耳。栾布哭彭越，趣汤如归者，彼诚知所处，不自重其死。虽往古烈士，何以加哉！"①赞赏了季布意欲有所作为而受辱不死的行为，这与魏豹、彭越亦有相似之处，但司马迁更确指了季布是有所作为的贤者与名将，栾布不畏强权、心怀故主的品格亦值得钦佩，比得上"古之烈士"。《张释之冯唐列传》的"太史公曰"："张季之言长者，守法不阿意；冯公之论将率，有味哉！有味哉！语曰'不知其人，视其友'。二君之所称诵，可著廊庙。《书》曰'不偏不党，王道荡荡；不党不偏，王道便便'。张季、冯公近之矣。"②认为二人均为杰出之士，品格公正，直行于世。

有对人情世故的评价，如《汲郑列传》中，"太史公曰：夫以汲、郑之贤，有势则宾客十倍，无势则否，况众人乎！下邽翟公有言，始翟公为廷尉，宾客阗门；及废，门外可设雀罗。翟公复为廷尉，宾客欲往，翟公乃大署其门曰：'一死一生，乃知交情。一贫一富，乃知交态。一贵一贱，交情乃见。'汲、郑亦云，悲夫！"③写出了人情冷暖在失势与得势之间最易表现。《张耳陈馀列传》中，"太史公曰：张耳、陈馀，世传所称贤者；其宾客厮役，莫非天下俊杰，所居国无不取卿相者。然张耳、陈馀始居约时，相然信以死，岂顾问哉。及据国争权，卒相灭亡，何乡者相慕用之诚，后相倍之戾也！岂非以势利交哉？名誉虽高，宾客虽盛，所由殆与太伯、延陵季子异矣"④，指出以势利相交的情谊是靠不住的。

---

① 司马迁：《史记·季布栾布列传第四十》，中华书局1959年版，第2735页。

② 司马迁：《史记·张释之冯唐列传第四十二》，中华书局1959年版，第2761页。

③ 司马迁：《史记·汲郑列传第六十》，中华书局1959年版，第3113—3114页。

④ 司马迁：《史记·张耳陈馀列传第二十九》，中华书局1959年版，第2586页。

(三)“太史公曰”的审美效果

“太史公曰”在《史记》中的地位比较重要,在《史记》的每一个篇章中,几乎都可以看到“太史公曰”。以“太史公曰”这种形式,司马迁全面展现了自己的观点和看法。从审美意义着眼,“太史公曰”和其他的人物评论一起,强化了《史记》中的审美形象塑造。

1. 对人物的形貌、行为进行评价与欣赏

“太史公曰”中的人物评论是司马迁本人针对个体行为进行的品评,用在篇末,其评判意味更为强烈。司马迁围绕人的外貌、行为、个性、品格等对传主进行全方位的评论和点评,并得出结论,引导读者欣赏,最终完成审美形象的塑造。

司马迁称平原君为“翩翩浊世之佳公子”,这已不再是单纯的对历史人物的客观描写,更带有了审美欣赏的意味。平原君之俊美与其治国的无能形成对比,正与张良、李广等外貌普通而内在强大一样。这些神貌之间出现反差的人物,与庄子笔下那些外貌丑陋但是德行高远的异人有相类似之处,庄子笔下的异人在中国审美形象中已经形成一个特殊的序列,他们以容貌与德行品行的反差,来彰显其内心的丰富与高贵。

司马迁还善于抓住人物的主要特征进行评价,如商君与吴起的刻薄、陈丞相善用奇计、伍子胥性格刚烈、孟尝君好客自喜,如此结合传记中的人物事例描写,进一步深化了人物的形象特质。

2. 显现作者的审美观和道德判断

司马迁的善恶褒贬会在行文评述中流露出来,在“太史公曰”中更是得以清晰表达。尤其在本纪、世家中,很多章节呈现的是时间线比较长的历史叙事,通过“太史公曰”可以看出作者的褒贬及关注的重点所在。

《吴太伯世家》记载自吴太伯至吴王夫差的吴国王室历史,却仅在论赞中盛赞延陵季子的仁心。《鲁周公世家》对鲁国的内乱进行抨击,其依据的标准是孔子倡导的“仁”与“礼”。《陈丞相世家》叙汉初功臣陈平事,陈平一生事迹颇多，司马迁在论赞中总结为其归附高祖后屡出奇计，在吕后时能得善终，可见其为人有智谋。《项羽本纪》既赞美项羽的勇武天资，又批评其对兴亡要义至死不悟。通过论赞，读者能够了解司马迁的思想和审美倾向，对历史事实进行有重点的把握，对于历史人物的特点也能有更深刻的认知。

3. 明确作者的情感好恶

司马迁的情感，也同样在“太史公曰”中进一步表现了出来。

《孔子世家》盛赞孔子，对孔子的崇仰之情溢于言表。《管晏列传》赞美晏婴：“方晏子伏庄公尸哭之，成礼然后去，岂所谓‘见义不为无勇’者邪？至其谏说，犯君之颜，此所谓‘进思尽忠，退思补过’者哉！假令晏子而在，余虽为之执鞭，所忻慕焉。”①这段话完全是直抒胸臆，热烈赞美了晏子身上作者所敬佩的不畏强权、忠义为怀、奋不顾身的精神。《屈原贾生列传》赞屈原：“观屈原所自沉渊，未尝不垂涕，想见其为人。及见贾生吊之，又怪屈原以彼其材，游诸侯，何国不容，而自令若是。读《服鸟赋》，同死生，轻去就，又爽然自失矣。”②颂扬的也是司马迁所敬佩的舍生取义的精神。《季布栾布列传》对栾布冒死哭彭越的行为也表示赞赏，对于这种不畏强权的精神，司马迁甘愿在史书中为其留下一席之地，就如《鲁仲连邹阳列传》中，也因邹阳值得同情的经历和他的“抗直不桡”而将之列为传主……在这些论赞中，读者可以明确感受到司马迁的情感指向，他的“好奇”“尚义”的审美观，以及对凛然不屈的个人精神的赞赏。

4. 将作者的身世思想与史实互证

作为一个情感丰沛的人，司马迁将自身的情怀与遭遇亦投射到了《史记》的写作中，“太史公曰”可以直接与作者的身世思想互相印证，并与评论对象的经历形成某种同构性与体验性。

《李将军列传》叙李广“悛悛如鄙人，口不能道辞。及死之日，天下知与

① 司马迁：《史记·管晏列传第二》，中华书局1959年版，第2136—2137页。

② 司马迁：《史记·屈原贾生列传第二十四》，中华书局1959年版，第2503页。

不知，皆为尽哀”①，与《游侠列传》“吾视郭解，状貌不及中人，言语不足采者。然天下无贤与不肖，知与不知，皆慕其声，言侠者皆引以为名”②之言，可以与司马迁本人汲汲有为、成名于天下的个人志愿相印证。其文表达了对这样引起天下敬佩和同情的人物的赞赏，同时也体现出儒家重质不重貌的审美倾向。

《汲郑列传》云：“夫以汲、郑之贤，有势则宾客十倍，无势则否，况众人乎！下邽翟公有言，始翟公为廷尉，宾客阗门；及废，门外可设雀罗。翟公复为廷尉，宾客欲往，翟公乃大署其门曰：‘一死一生，乃知交情。一贫一富，乃知交态。一贵一贱，交情乃见。’”③这是对世态炎凉的感叹。《平津侯主父列传》亦批评人情冷暖，《楚世家》感叹楚灵王饿死事亦同。司马迁因李陵之变获罪时，朝中无人为他说话，因此他对世态人情是比较敏感的。

《魏豹彭越列传》与《季布栾布列传》中的“太史公曰”均接受并赞同传主忍辱不死、将以有为的做法，这与作者自己忍受腐刑之辱，成就一家之言亦有共通之处。《伍子胥列传》中，司马迁称伍子胥为“烈丈夫”，也是对其能忍一时之辱，成就大业大名的推许。这是司马迁所赞赏的人生态度，不怕死，但是要为更有价值的事业保全性命。这样的人格，因为史书的描述和推崇，以及司马迁具有个人情感色彩的评论，成为中华民族审美性格中的珍藏。

综上，“太史公曰”使得作者在史书记叙中原本较为含蓄的情感表征和审美选择变得明确，亦使其所叙述人物的直观性审美特征进一步凸显。通过太史公的论赞，历史人物如孔子、项羽、伍子胥等人的个人特质愈发明显。这种外显性的情感评述也使得《史记》的文字获得了某种坦荡刚直的叙事外观。

---

① 司马迁：《史记·李将军列传第四十九》，中华书局1959年版，第2878页。

② 司马迁：《史记·游侠列传第六十四》，中华书局1959年版，第3189页。

③ 司马迁：《史记·汲郑列传第六十》，中华书局1959年版，第3113—3114页。

四、《史记》人物评论与魏晋人物品藻的关系

魏晋时的人物品藻具有审美的自觉，表现为对人物形态精神之美和自然山水之美的精神认同与欣赏，在这一点上，《史记》中的人物评论并不与之相同。但是在对人物形貌及人格美的传神展现、对“人”进行超功利性的评价、对“人”的面貌风采进行真实体现等方面，《史记》中的人物评论与人物品藻是相似的，从这个意义上，可以说《史记》的人物评论具有审美性。

（一）对人物形貌、精神人格的传神展现

《世说新语》集中展现人物品藻，并以此呈现魏晋时人的审美趣味和审美风尚。与《世说新语》众口喧嚷评说人物相比，《史记》表达了司马迁个人对人物事迹与行动的评判态度。司马迁本人应当是没有审美自觉的，但他的评价能够间接体现出他的历史观、文化观及审美观。《世说新语》记人记事篇幅大多短小，其人物品藻是时代思潮和士人审美趣味的群体性体现，“魏晋时代对于美的自觉，和古希腊时代有相似之点，即是由人自身形相之美开始，然后再延展到文学及书法、绘画等方面去”①。人物品藻对人物有外在形象上的审美要求，《史记》与此类似的是对审美对象的传神描绘，以及提取最能反映人物风采特征的一个方面进行评断。

《史记》人物评论“寓论断于序事”的方式，与《世说新语》以人物形貌展现审美趣尚实有相一致的地方。《史记·赵世家》中，赵武灵王“诈自为使者入秦。秦昭王不知，已而怪其状甚伟，非人臣之度，使人逐之，而主父驰已脱关矣”②，与《世说新语》“容止篇”第十四中记载的一段实有异曲同工之处：“魏武将见匈奴使，自以形陋，不足雄远国，使崔季珪代，帝自捉刀立床头。

① 徐复观：《中国艺术精神》，商务印书馆2010年版，第151页。

② 司马迁：《史记·赵世家第十三》，中华书局1959年版，第1813页。

既毕,令间谍问曰:'魏王何如?'匈奴使答曰:'魏王雅望非常,然床头捉刀人,此乃英雄也。'"①两人虽俱乔装改扮,但却掩盖不了周身的气质与光芒,二书均以敌国之评价衬托他们不凡的气概,令人感受到人物的非凡魅力。《世说新语》所记特为展示曹操的风范气概,《史记》所记也显示了赵武灵王的英雄风采。二书通过记述人的形貌行为,传神表达了人物的精神风采,表现出其内在精神与特点,"由人伦鉴识转换后所追求的形相之美,亦即是在人伦鉴识中所追求的形相中的神,在技巧上把它表现出来"②。

《史记》以高祖刘邦之口评价功臣:"夫运筹策帷帐之中,决胜于千里之外,吾不如子房。镇国家,抚百姓,给馈饷,不绝粮道,吾不如萧何。连百万之军,战必胜,攻必取,吾不如韩信。此三者,皆人杰也,吾能用之,此吾所以取天下也。项羽有一范增而不能用,此其所以为我擒也。"③这与《世说新语》中的一段对话相类:"顾劭尝与庞士元宿语,问曰:'闻子名知人,吾与足下孰愈?'曰:'陶冶世俗,与时浮沉,吾不如子;论王霸之余策,览倚仗之要害,吾似有一日之长。'"④通过比较探讨人物品格之高下,这种人物品评方式在《世说新语》中很常见,"品藻"一门俱是对人物优劣进行比较的品评。而《史记》中除高祖刘邦的品评之语外,类似的还有范蠡评价文种之言:"兵甲之事,种不如蠡;填抚国家,亲附百姓,蠡不如种。"⑤《李将军列传》比较程不识与李广带兵一则简易一则严谨,称"汉边郡李广、程不识皆为名将,然匈奴畏李广之略,士卒亦多乐从李广而苦程不识"⑥。这些文字都是在人物的相互比较中分析各人不同的特征与品格,传神展现其自身的特质。

当然《史记》的人物评论与《世说新语》的人物品藻强调对人物姿态、体

① 刘义庆:《世说新语笺疏·容止第十四》,上海古籍出版社1993年版,第605页。
② 徐复观:《中国艺术精神》,商务印书馆2010年版,第151页。
③ 司马迁:《史记·高祖本纪第八》,中华书局1959年版,第381页。
④ 刘义庆:《世说新语·品藻第九》,上海古籍出版社1993年版,第501页。
⑤ 司马迁:《史记·越王勾践世家第十一》,中华书局1959年版,第1742页。
⑥ 司马迁:《史记·李将军列传第四十九》,中华书局1959年版,第2870页。

貌、仪容、风采等的欣赏还有不尽一致的地方:《史记》的人物评论中还没有自觉审美的意识,但是客观上展现了人物的人品风貌;魏晋时期的人物品藻则开启了我国美学的新篇章。"人物品藻转入审美之后,就为中国美学把握审美对象提供了一套理论模式,并运用到一切方面,使中国美学的审美对象成为人体结构的审美对象"①,并直接影响了当时从艺术到文学品评的各个方面。而《史记》人物评论的审美性也同样适应了整个时代的审美倾向,自然呈现出了人物的品格之美。

司马迁的人物评论是直接与质朴的,论及人物形貌时往往直接摘取人物最传神的那一部分,如评论商鞅"刻薄人",称子路"性鄙,好勇力,志伉直"②,评价蔡泽"曷鼻,巨肩,魋颜,蹙齃,膝挛"③,言张苍"坐法当斩,解衣伏质,身长大,肥白如瓠"④等,评判人物形貌都是寥寥几笔,与先秦至汉时古朴传神的审美风尚相一致。《世说新语》对人物风采的某些描述则多有富美感的铺叙,如:"嵇康身长七尺八寸,风姿特秀。见者叹曰:'萧萧肃肃,爽朗清举。'或云:'肃肃如松下风,高而徐引。'山公曰:'嵇叔夜之为人也,岩岩若孤松之独立;其醉也,傀俄若玉山之将崩。'"⑤"时人目王右军'飘如游云,矫若惊龙'。"⑥"有人叹王恭形茂者,云:'濯濯如春月柳。'"⑦这与当时审美风尚开始向秀骨轻盈、飘逸典雅、质朴自然转变有关,且用自然景物描摹人物之美,也体现了当时人对自然之美的关注。

---

① 张法:《中国美学史》,四川人民出版社2006年版,第84页。

② 司马迁:《史记·仲尼弟子列传第七》,中华书局1959年版,第2191页。

③ 司马迁:《史记·范雎蔡泽列传第十九》,中华书局1959年版,第2418页。

④ 司马迁:《史记·张丞相列传第三十六》,中华书局1959年版,第2675页。

⑤ 刘义庆:《世说新语·容止第十四》,上海古籍出版社1993年版,第607页。

⑥ 刘义庆:《世说新语·容止第十四》,上海古籍出版社1993年版,第621页。

⑦ 刘义庆:《世说新语笺疏·容止第十四》,刘孝标注,余嘉锡笺疏,上海古籍出版社1993年版,第625页。

(二)具有个人态度的人物评论

《史记》与《世说新语》都体现了具有个人态度的人物评论,这种评论所表现出来的是明确的褒贬与爱憎。史书自《春秋》以来就有在行文中寓褒贬的传统,但都是在客观叙述中阐释传达,司马迁却在书中明确表达了自己的态度,他"爱奇""尚义",对历史人物和历史事件的选取有自己的标准,并在文章中展现了自身的标准和价值判断,通过"寓论断于序事"不动声色地表露对人物事件的态度,甚至以夹叙夹议和"太史公曰"的方式直接将对人物的评论态度呈现出来。司马迁对人物的褒贬绝非源于个人印象的空语,而是基于人物行动得出的结论。言商君"刻薄",以商君推行严刑峻法为佐证;言项王"仁",以项王见士兵受伤落泪、不忍杀刘邦及其亲眷为佐证;言秦始皇"暴",则以其残杀海内、不恤生灵为佐证。所以《史记》所论人物虽然众多,读者却能够清楚地感知作者对各种人物的褒贬态度与好恶评价。

《世说新语》中的人物品藻,也以鲜明的个人态度叙述人物事件,以评价个体优劣。如:"管宁、华歆共园中锄菜,见地有片金,管挥锄与瓦石不异,华捉而掷去之。又尝同席读书,有乘轩冕过门者,宁读如故,歆废书出看。宁割席分坐曰:'子非吾友也。'"①通过对比呈现出人物德行的高低。"嵇中散临刑东市,神气不变。索琴弹之,奏《广陵散》。曲终曰:'袁孝尼尝请学此散,吾靳固不与,《广陵散》于今绝矣!'太学生三千人上书,请以为师,不许。文王亦寻悔焉。"②以嵇康临刑不惧、太学生请以为师表现他的风采雅望,令人心生仰慕,由此也表达了描写者的赞赏。《世说新语》将人物的行为、外表、举止分类并予以品评,表现出了赞赏与批评的态度、好恶与优劣的评判。

---

① 刘义庆:《世说新语·德行第一》,上海古籍出版社 1993 年版,第 13 页。

② 刘义庆:《世说新语笺疏·雅量第六》,刘孝标注,余嘉锡笺疏,上海古籍出版社 1993 年版,第 344 页。

（三）对人物的非功利性评价

魏晋人物品藻源起于东汉时期的官吏推荐制度——察举与征辟制度，以及随之流行的针对政治人才而进行的人物品评，这一制度后发展为“九品中正制”。而魏晋时期的人物品藻抛去了其中的政治色彩，将之纯粹化，直接对人物的风貌和精神状态进行品评、鉴赏，提取美感，所以魏晋的人物品藻是一种审美评价。

司马迁的人物评论不以审美为目的，也不只有对人格之美的展现，亦有分析历史教训之处。司马迁的人物评论不具备魏晋人物品藻对精神自由和生命情调的推许，但二者在张扬个体的独特性上却有相似之处，这与司马迁选材的“爱奇”亦有一定的关系。同时司马迁在对人物进行评价时不以政治功业为依据，他认为历史的赞誉并不理所当然地应该授予胜利者。司马迁笔下的失败者反而更具有人格上的美感，即在《史记》整体呈现的人物形象中，具有人格美感的失败者赢得了更多的赞誉。比如刘邦与项羽，在政治家的机谋方面，项羽不是刘邦的对手，但是就个体为人而言，却是刘邦“慢而侮人，项羽仁而爱人”①。这是对人物的比较性品评。再如卫青和李广，卫青位高权重，李广终生未能封侯，但是李广之死令“军士大夫一军皆哭。百姓闻之，知与不知，无老壮皆为垂涕”②，卫青“以和柔自媚于上，然天下未有称也”③。司马迁对人格美的赞赏无关乎地位荣辱、政治功业，只是对个体生命形态真实面貌的传达，所以《史记》中的某些人物评论是接近审美评价的。

那么能不能说《史记》的人物评论影响了魏晋的人物品藻呢？似乎也不能这么说。可以确认的是，魏晋人物品藻受到了东汉时期政治制度和人物品评的影响。《史记》的人物评论体现了审美评价的特征，魏晋时期，《史记》的流传并不非常广泛，其影响也有限。但是毋庸置疑，《史记》作为司马迁的

① 司马迁：《史记·高祖本纪第八》，中华书局1959年版，第381页。

② 司马迁：《史记·李将军列传第四十九》，中华书局1959年版，第2876页。

③ 司马迁：《史记·卫将军骠骑列传第五十一》，中华书局1959年版，第2939页。

“一家之言”,其人物品评为我们展现了历史风烟中人物的人格风采之美。

第四节 在历史中凸显的审美形象

《史记》的史书性质决定了其人物形象的真实性,司马迁本着“实录”精神力求将个体在历史中的形态进行全面展现。在“实录”的同时,司马迁又通过对人物的主体性评论和对人物在特定场景中的神韵捕捉,使人物形貌及其精神特质鲜明地凸现出来,从而使《史记》中的历史人物取得了某种主体性特征,由此其人物形象和场景就有了审美的可能性。

一、人物评论对审美形象呈现的意义

就史书的书写而言,流水账似的记录是没有意义的,如章学诚所说,史家的史识在历史书写时非常重要,编撰史书时杜绝主观的意念是不可能的,史识是引导后来者形成历史形象的一个重要坐标。

> 在一切历史判断的深层存在的实际需求,赋予一切历史‘当代史’的性质,因为从年代学上看,不管进入历史的事实多么悠远,实际上它总是涉及现今需求和形势的历史,那些事实在当前形势下不断震颤。①

我们都是通过史家对历史的书写和记录,了解并认知当时的整个历史场景,并形成总体的历史印象的。这个总体的历史印象包括历史人物形象、

① 贝内德托·克罗齐:《作为思想和行动的历史》,田时纲译,商务印书馆 2017 年版,第 6—7 页。

历史环境形象,也包括对某段历史的总体印象,比如对中国历史治乱相继规律的形象认知,对盛唐社会文化开放的形象认知,而在历史的总体形象中又包括了历史中的个体形象。

总体的历史环境或者历史世界中活动着具体的个体,历史是由一个个鲜活的人物组成的,历史人物的言行对历史的发展有推动或阻碍的作用。历史人物一旦在历史中展开行动,他们的角色和形象便固定了。一方面,对历史人物的形象认知,主要由历史人物本身的言行,以及人类认知的总体判断能力决定。人类认知的总体判断能力中,最简单的层面是是非判断,更深一层的会兼及人物的心理动机及环境影响。对历史人物的总体印象和评价总会有一个基本标准存在,这个基本标准受到人类共有的道德观、价值观、审美观的影响。另一方面,不同时代的人乃至同时代的不同个体在评价历史人物时也会表现出某些差异。这些差异来自于不同时代和不同个体的认识差异及价值差异,但是,在占有共同史料的基础上形成的历史形象是相对统一的,历史形象的最终形成会消减个体之间的差异,从而使不同个体大致形成一个统一的认识。

历史形象走向审美形象是通过读者的认知最终完成的,审美过程中总会有文化的代入,尤其是在中国,以人格美代入形象美的审美习惯普遍存在。每一位史家在对历史事实进行书写的时候,总会有自己的主观意识在其间起作用,自我意识强烈的作者,其投射于作品中的主观意识也会更强烈一些。这样,作者的审美观、价值观会在作品中得以体现。《史记》作为一本史书,以"实录"为主,司马迁从历史事实着眼对人物进行评价,在历史人物身上突显自己的主体意识,引导读者的认知,使人物形象走向审美形象。以项羽为例,对项羽的形象解读在《史记》研究中非常之多,这与项羽本人经历的戏剧化、性格的多元化以及《项羽本纪》行文的富于美感都有很大关系。《项羽本纪》中,司马迁一开始就对其为人进行了评价,这也是《史记》纪传体行文的惯例:"籍长八尺余,力能扛鼎,才气过人,虽吴中子弟皆已惮籍矣。"①开篇即构建了项羽的总体性人物形象,他能力过人,不同凡响,普通人在他面前会感到害怕。在文中,司马迁评述项羽的人格、性情、行事、情感,最后以"太史公曰"的形式做出论断:"然羽非有尺寸乘势,起陇亩之中,三年,遂将五诸侯灭秦,分裂天下,而封王侯,政由羽出,号为'霸王',位虽不终,近古以来未尝有也。及羽背关怀楚,放逐义帝而自立,怨王侯叛己,难矣。自矜功伐,奋其私智而不师古,谓霸王之业,欲以力征经营天下,五年卒亡其国,身死东城,尚不觉寤而不自责,过矣。乃引'天亡我,非用兵之罪也',岂不谬哉!"②在历史事实的基础上,司马迁做出形象判断,即项羽虽勇力过人,但缺乏战略性眼光,其失败绝非偶然。这样就塑造了项羽固有的历史性形象:是勇武的霸王,但绝不是战略家。

司马迁在书中采用了三种人物评论方式:"寓论断于序事"将人物形象不动声色地烘托出来,使人物特质显得更为明确;夹叙夹议将人物的人格美予以彰显,提出自己对人对事的思考,对人的生存状态的追问;"太史公曰"的人物评论将人物形象的特质直接点出,精炼地概括人物身上突出的特点,包括形貌方面和个人品格方面。不管以何种方式进行人物评论,《史记》都力图表明这个人是怎样的一个人,他做了什么,为什么要这样做,以及其他人对此的看法与评判,即在人物形象中加入了主体性特质。

从历史形象过渡到审美形象需要一种审美眼光,历史本来记录的就是人所生活的场域,是时代环境下人的生存状态,史家以审美的眼光进行追寻和探索,读者跟随作者的引导与创造,将历史世界转化为审美世界,因此可以说审美世界的构建是由历史世界与作者的主体性创造以及读者的审美活动相叠加而完成的。在这样的审美世界中,历史形象最终走向审美形象,而审美形象与历史形象也会有差异。审美形象建立在历史形象的基础上,依

① 司马迁:《史记·项羽本纪第七》,中华书局1959年版,第296页。

② 司马迁:《史记·项羽本纪第七》,中华书局1959年版,第338—339页。

然以历史人物的行为为基础,是对历史形象进行审美阐释后形成的形象,它更注重人物的个体化情感、心理、性格以及人的本质化存在。历史形象以历史事实为基础,展现的是已然如此的历史事件——历史已经发生,这个人物是这样作为的——以及他在历史中的地位和个人功业;而审美形象则关注这个人物为什么会这样,关注他的选择,他的情感,他的所思所想、生存状态以及这一切呈现的美感。同样是项羽,其历史形象关注项羽一生的功业,他在历史中所处的地位与作用,而审美形象关注项羽的情感和个性、他的生存意义,给予读者的是无关功业的美感:值得玩味的个性特征、历史的命运呈现、悲壮的英雄气质、霸王别姬的情感场面等。司马迁的评论性书写将项羽的美感特点呈露了出来。

京剧舞台上的很多“史记戏”都是将历史人物的审美性予以放大而衍生出来的,“霸王别姬”就是这样。史书中写了项羽在垓下唱歌喝酒及虞姬流泪的场面,并没有描写虞姬的生死。英雄热泪满襟,美人在旁应和,四面楚歌的悲剧氛围、生离死别的人生尽头感与英雄末路的悲凉感使人体验到的不是项羽的开创之功,而是人生到此的无尽感慨,具有浓重的悲剧感。京剧中的“霸王别姬”从审美关注的角度,把悲剧推向极致,将虞姬推向了死地。这种极为情感化、戏剧化的处理也就强化了项羽的审美形象——悲壮的英雄形象。历史形象成为了审美形象,项羽的历史形象有多么优秀,他的审美形象就有多么令人感慨、心生同情。

审美形象得以形成,得益于历史形象本身所具有的可欣赏性和美感,这种可欣赏性和美感是由文本所赋予的,主要源自作者在构建审美世界时所采用的叙述手法和投入的情感。司马迁好奇尚义,善于提取人物的形貌特征、精神特质,《史记》中很多历史人物的身上都体现出了异于普通人的奇异感和凝练了一般性格的典型性。也就是说,《史记》中的历史形象拥有形式上的可欣赏性,使读者的审美期待可以实现。当读者带着审美眼光进入《史记》的审美世界的时候,《史记》中的历史形象也就转化成了审美形象。

二、《史记》中的审美形象

《史记》中能够被称为审美形象的，是那些具有可观赏性和美感的形象，这样的形象不具有明显的功利性的道德教化意义，但具有文化上的共性与个性上的典型性。本书梳理了《史记》中典型的审美形象，他们多以比较完整的面貌呈现。同时，在《史记》中，也有一些人物，他们作为个体形象并不典型，但某些性格片段却极具代表性与欣赏性，笔者也将一并提及。

（一）帝王形象

帝王是《史记》中非常普遍的一类形象，帝王在中国古代历史中是坐标性存在，他们是时代的标记。《史记》中的帝王形象代表有两个人：秦始皇嬴政与汉高祖刘邦。先秦帝王因有文献记载，司马迁在写作时多有文本参照，而秦始皇与刘邦的形象，在现存的正史著作中，最早记录的是《史记》。秦始皇和刘邦作为帝王，其形象比较完整，秦始皇本身就是王族，对他从出生到成为秦王到统一六国到死于道上的经过，司马迁都描写得比较详细，而刘邦是历史上取得帝王尊位的另一种类型，即出身平民，通过努力推翻前朝统治而成为君王。

秦始皇在《史记》中是一个暴君的形象，这个暴君的形象并非来自司马迁的杜撰，而是他根据历史事实做出的判断。秦始皇在统一六国的过程中杀伐惨烈，在统一六国之后焚书坑儒、大兴徭役，这都是对历史的如实记录。《秦始皇本纪》中，"缭曰：'秦王为人，蜂准，长目，挚鸟膺，豺声，少恩而虎狼心，居约易出人下，得志亦轻食人。我布衣，然见我常身自下我。诚使秦王得志于天下，天下皆为虏矣。不可与久游。'"①用尉缭之口对秦始皇的形貌、行为所展现的暴君本质做了一个论断，认为在秦始皇的统治下，人人皆当为

① 司马迁：《史记·秦始皇本纪第六》，中华书局1959年版，第230页。

“虏”，所得的不过是奴隶的待遇。秦始皇的一生确实是战斗的一生，他的成功殊为不易。从《史记》看，他并不是秦庄襄王的儿子，而是吕不韦的儿子，秦始皇十三岁即位，逐步消除吕不韦的影响，先将其贬到四川，然后为了隐瞒自己与吕不韦的关系而将其杀死。又杀死母亲的情人和母亲与情人所生的儿子，株连甚广。嗣后贿赂各国，离散合纵，逐步灭掉各国，统一天下。立国之后，他建郡县制，统一文字、度量衡，希望千秋万代，天下一统。同时他也是一个多疑的人，实行暴政，以期压制天下的反抗，维持帝国的存续。一朝身死，身边心腹连他的死讯都不敢公布，而帝国的全面崩溃也随之到来，这是一个典型的暴君。

但有意思的是，司马迁并不仅仅把历史写作的焦点汇聚到秦始皇的毕生功业和他不符合儒家德治主张的施政方针带来的政治教训，写毕始皇统一六国，还花了很多笔墨写他寻找长生之药的经过以及他对死亡的戒惧。

> 秋，使者从关东夜过华阴平舒道，有人持璧遮使者曰：“为吾遗滈池君。”因言曰：“今年祖龙死。”使者问其故，因忽不见，置其璧去。使者奉璧具以闻。始皇默然良久。①

“默然良久”是司马迁对秦始皇反应的描摹，对于上天昭示的死亡，秦始皇的心情是沉重的，纵使世间一切如意，他也难以逃脱人的最终结局，这是属于“人”的悲哀，就算强大的千古一帝也难以避免。与此相应，《秦始皇本纪》用了许多笔墨描写秦始皇派人寻找海外仙山的过程。在《史记》中，帝王对于永生的渴望，除了《秦始皇本纪》中有大量描写外，《孝武本纪》中也有记述，只是后者对个人情绪的论述不及前者明显，大约与汉武帝为司马迁所处时代的帝王有关。

与秦始皇相比，帝王的悲哀在刘邦身上表现得也很突出。刘邦之悲哀

① 司马迁：《史记·秦始皇本纪第六》，中华书局1959年版，第259页。

非因追求永生,而来自于身为君王的孤独与寂寞,这是极具审美意味的帝王的悲哀。刘邦的成功得来不易,他本是一个小小的亭长,这使他颇受六国贵族讥刺。不过刘邦虽然不是六国的贵族,却具备一位领袖的气质。他有很多缺点:比如自私胆小,逃亡途中为了活命,不惜把自己的儿女推下车;比如不拘礼节,时常戏辱臣下,在臣子们心目中,他"慢而侮人";比如多疑,立国之后怀疑功臣,几乎杀尽功臣。但是刘邦又能战胜竞争对手,因为他也有很多决定性的优点:一是善于用人,刘邦手下的战将很多都是从项羽处奔来的,刘邦能够发挥他们所长,成就霸业;二是赏罚分明,对立下功劳的臣子不吝奖励;三是聪明机警,能屈能伸,韩信在他困难时乘机要挟,他能忍得下这口气,反应敏捷,处置得当。所以在《史记》中,刘邦是一个成功者,然而《史记》却又记录了刘邦成功之后的两个异常感伤的场景。一是刘邦谋易太子失败之后,"召戚夫人指示四人者曰:'我欲易之,彼四人辅之,羽翼已成,难动矣。吕后真而主矣。'戚夫人泣,上曰:'为我楚舞,吾为若楚歌。'歌曰:'鸿鹄高飞,一举千里。羽翮已就,横绝四海。横绝四海,当可奈何!虽有矰缴,尚安所施!'歌数阕,戚夫人嘘唏流涕,上起去,罢酒。竟不易太子者"①。高祖以楚歌抒情,楚歌声调清越苍凉。他贵为天子,仍然不能随心所欲,为所欲为,这是身为帝王的悲哀。另一个场景是"高祖还归,过沛,留。置酒沛宫,悉召故人父老子弟纵酒,发沛中儿得百二十人,教之歌。酒酣,高祖击筑,自为歌诗曰:'大风起兮云飞扬,威加海内兮归故乡,安得猛士兮守四方!'令儿皆和习之。高祖乃起舞,慷慨伤怀,泣数行下"②。一位衣锦还乡的帝王,在这个时候已是登上自身荣耀的巅峰,刘邦却兴尽哀来,泣下数行,表现出了对未来的担忧。从高祖所歌的内容来看,他感慨帝国没有勇士守护,此时韩信、彭越已死,黥布逃走,那么他是为功臣寥落而流泪吗?刘邦诛杀功臣时,并未有过多的迟疑,功臣的离开或许会是他郁闷的底色,但绝不是

① 司马迁:《史记·留侯世家第二十五》,中华书局1959年版,第2047页。

② 司马迁:《史记·高祖本纪第八》,中华书局1959年版,第389页。

最主要的原因。此时刘邦意气风发，所谓的反叛都被制服，他的感伤没有具体的原因，更多地来自于个人内心的孤独感。如果说在前一个场景中，其感伤尚有明确的理由的话，那么后一个场景传达的却是无端的悲哀，它来自根植于个人内心深处的孤独感。这样的场景在中国文化中极具代表性，可以辐射到受束缚的人生、成功者的悲哀、“高处不胜寒”等各个话题。一个人的情感难以言说，无法确指，只余深深蕴藏的悲凉，这大概是艺术表达的极致。这两个场景都是通过音乐来渲染表现人的情绪，极具艺术感。

《史记》中，司马迁所描写的帝王形象自有其威仪和功业，他们成功的方式以及所处的历史时代皆有各自的特色，很多君王形象都非常生动，更重要的是，《史记》通过叙写帝王之哀展现了人的相同处境和孤独感，留下了千古可资嗟叹的篇章。《史记》中以秦始皇和刘邦为代表的君王是一种成功者形象，他们脱离了世俗人生烦琐的生活困窘，更能够本质化地呈现人的生存困境，秦始皇和刘邦展现的是帝王的无奈与孤独。赵武灵王生前胡服骑射，振兴赵国，最后却被饿死在深宫中；齐桓公为春秋霸主，在世之隆有过于帝王，死后却无人为其收葬。以生前的极盛对比结局的凄凉，也是对人生存状态的审美体现，由此可引起读者盛极而衰的深深感慨。

（二）英雄形象

英雄指的是勇武杰出、舍生忘死之士，他们在时代和族群中能够起到引领作用。这样的人在时代变迁、风起云涌、群雄割据的时期最易涌现。上古时代，三皇五帝都是带领人民开天拓地的英雄，消灭暴君的商汤和周武王也是那个时代的英雄。春秋战国至汉初，战乱频仍，故英雄辈出，因为就算汉代立国，国家承平，初期也依然面临国内的叛乱和四境外族的威胁。在人们的审美观念中，英雄是值得赞赏的：英雄具有个人魅力，优秀杰出；英雄领时代之先，有创造性；英雄具有勇气，具有高尚的品德。他们在人群中是卓异的存在，人们对英雄的赞赏会从审美层面延伸至道德层面，进而形成对英雄人物命运的关注、品质的认同和对其不幸遭遇的同情。英雄从事的是有目共睹的“大”事业,或者表现为功业的阔大,或者表现为道德的高尚,因此英雄的审美定位往往与崇高相联系,而《史记》中的英雄则展现出一种悲壮感。

《史记》中的英雄是出众的,他们不同寻常,令人仰慕,本身拥有超出常人的勇气与精神力。司马迁对英雄的评判并不以功利性的成就为依据,不以成败论英雄可以说是《史记》英雄观的特性。他们在时代风云中奋发有为,在与命运的抗争中显示自己的力量,而其失败,则充满了悲壮的意味。《史记》中,英雄的结局往往是被毁灭,连同其各种叱咤风云的事迹和优良的特质,都一道灰飞烟灭,留给观者深深的惋叹。英雄们或许因为各种原因招致了最后的毁灭,但是读者仍然会同情他们,认为他们不应该遭受这样的结局。这样的英雄以项羽和李广为代表。

项羽是《史记》中最为光彩照人的英雄之一。首先,项羽是一个出色的人,他出身贵族,勇武过人,在战场上令人生畏,作战勇敢机智,能破釜沉舟,勇往直前,击破秦军主力,结束秦朝的残暴统治。即便在他生命的最后关头,刘邦手下的猛将依然不敢近其身。其次,他是一个讲义气的人。项羽在战场上固然杀人如麻,但对亲人朋友却义气深重,甚至有时候会有“妇人之仁”。鸿门宴上,他始终不忍加害刘邦,捉住刘邦的家眷后,虽然嘴上威胁,实际却没有杀害,而他与刘邦曾经结为兄弟应该也算原因之一。再次,他是一个爱兵如子的人,在战场上看见士兵受伤牺牲,他都会感到难过,因此项羽的心腹子弟始终紧紧追随于他。最后,他是一个对自己充满信心的不服输的人。他从不向人屈服,哪怕在战场上已经一败涂地,仍然对自己的能力充满信心,看到楚汉相争、士兵死伤,便直接向刘邦挑战。最后十面埋伏,自刎乌江,项羽仍认为自己的失败乃是天命所致,非战之罪,因为他对自己“战”的能力实在太自信了。

但他又是一个悲剧人物。他的悲剧有其性格的因素,以他的性格,如果做一个普通人或者一个普通的将领也许并没有什么不妥,但是他要做的是西楚霸王。以他本人的能力而言,他当得起西楚霸王之名,但他的性格却决定了他并不适合做一个领袖、一个开国的帝王。汉高祖说:“夫运筹策帷帐之中，决胜于千里之外，吾不如子房。镇国家，抚百姓，给馈饷，不绝粮道，吾不如萧何。连百万之军，战必胜，攻必取，吾不如韩信。此三者，皆人杰也，吾能用之，此吾所以取天下也。项羽有一范增而不能用，此其所以为我擒也。"①做领袖不能用人已经是最大的缺失，更何况项羽还有赏罚不明、当断不断的缺点。"项王喑噁叱咤，千人皆废，然不能任属贤将，此特匹夫之勇耳。项王见人恭敬慈爱，言语呕呕，人有疾病，涕泣分食饮，至使人有功当封爵者，印刓敝，忍不能予，此所谓妇人之仁也。"②可见与刘邦相争，项羽之败是必然的。所以"太史公"亦认为，项羽的失败他自己要负主要责任。项羽的悲剧在最后的十面埋伏中集中体现了出来，四面楚歌、霸王别姬、自刎乌江都成为中国传统文化中具有审美意味的场景，对应的是英雄末路、不甘失败的悲凉。

《李将军列传》中，司马迁集中笔力描写了李广的才干和品行，所谓"李广才气，天下无双"，匈奴人也尊称其为"飞将军"。面对多于自己数十倍兵力的敌人，他出奇计使自己脱险，采用的方式极似后来《三国演义》中诸葛亮所用的空城计，也即疑兵之计。陷入敌手后他也能机智脱困。李广"为人长，猿臂，其善射亦天性也"，司马迁因其形貌特征判断其善射，并予以渲染性描写，使神射之名成为李广的一个标签。"广之将兵，乏绝之处，见水，士卒不尽饮，广不近水，士卒不尽食，广不尝食。宽缓不苛，士以此爱乐为用。"③这段话表现他受到士兵爱戴追随的原因及优良品格。但李广却一直未能封侯，在与匈奴的重要一役中又不被委以重任，还被追究失道误期之责，而他不愿被"刀笔吏"侮辱，揽下所有责任，引刀自刭。和项羽一样，李广对自己的才能同样是自负的，临终遗言亦将"失道"归因于"天"。《史记》对李广英雄形象的塑造与史实未必尽合，但是李广作为英雄的审美形象，其光彩却异常绚烂，对后世的影响颇大。后世包括唐诗宋词在内的文学创作中，

---

① 司马迁：《史记·高祖本纪第八》，中华书局1959年版，第381页。

② 司马迁：《史记·淮阴侯列传第三十二》，中华书局1959年版，第2612页。

③ 司马迁：《史记·李将军列传第四十九》，中华书局1959年版，第2872页。

李广“飞将军”及神射手的审美形象一直延续下来,历代的读者亦接受并欣赏这样的英雄形象。

《史记》英雄的事迹是得到公认的,他们最终也因毁灭性的结局在史书中留下了悲壮的一笔。英雄人物审美形象的最终确立与其自身精神力的强大有直接的关联,《史记》中的英雄人物或许有着各自的性格特点,但是在精神力的展现上他们是相同的,即拥有强大的自我意识。他们强大的自我意识表现在两个方面:自主力和领导力。自主力表现为对自身能力的自信和对自己选择的坚持,同时也展现了其人的个性特征;领导力是把对自我的把握放在面对部下与对手的精神较量上。其强大的英雄精神即来自于这两种内在力量的综合。项羽是一个自主力更强的人,自己认定的事就要一条路走到底,比如鸿门宴放过刘邦,比如坚持不过乌江。他有优柔寡断的性格特点,但是其精神力却并不软弱,他的精神力更多地彰显为对自我的肯定。《史记》所树立的英雄形象也都具有类似的特征,超凡的精神力及对目标的坚持共同构筑了其强大的自我意识,因此英雄最后的毁灭是与对立方正面碰撞后的毁灭,展现出自我把控的力量和不得不如此的命运,更显出悲壮的意味。

(三)功臣形象

功臣形象是中国文化中特有的人物形象,他们与帝王形象相对应,遵循儒家文化所建立的君臣秩序。臣子应该向君王尽忠,君臣关系一旦处于失序状态,君王无法相信臣子,功臣便会被怀疑甚至被杀。如果说《史记》中的英雄是悲壮的,那么功臣就是悲剧性的,按照中国传统伦理观念,有功当奖,有过当罚,功臣们殚精竭虑立下功业,却得不到应有的回报,所以其命运格外引人同情。

《史记》中有两类功臣形象:一类是典型的功臣,他们逃脱不了功臣命运的悲剧性,在《史记》中以韩信和伍子胥为代表。另一类是中国文化中所谓“智者”的典型,他们看透了君臣模式,通过君王成就自己的功业,然后超越君臣关系的模本,得以保全自我。这一类人物的思想认识往往与道家的全生保命有相通之处,在《史记》中以范蠡、张良为代表。在《史记》中,提到"狡兔死,良狗烹"之类俗语的有两处。一为《越王勾践世家》中,范蠡留书给文种:"蜚鸟尽,良弓藏;狡兔死,走狗烹。越王为人长颈鸟喙,可与共患难,不可与共乐。子何不去?"①一为《淮阴侯列传》中,韩信对高祖说:"果若人言,'狡兔死,良狗亨;高鸟尽,良弓藏;敌国破,谋臣亡。'天下已定,我固当亨!'"②("亨"通"烹"。)蒯通曾以勾践、文种事作为劝韩反刘的例证,恰将功臣在不同时代的相似结局呈现出来。不过,范蠡所言在《国语》中并无记载,即《国语》中并无范蠡对勾践为人的质疑之语,而勾践对范蠡的离去是有眷恋和不舍的,与《史记》中范蠡因看透君臣关系玄机而离去的情节有极大的出入。《史记》在此强调了功臣模式中君王必然存在的疑心。

韩信的经历颇具传奇色彩。他年轻时是被人轻视的对象:到别人家里寄食,被人嫌弃;在集市上有蛮横少年对他看不顺眼,让他受胯下之辱;在项羽军中数次提建议都不被采用;到刘邦军中又差一点坐法被斩。在一直未被重用的情况下,他本想黄夜逃离,却被萧何追回,后受到刘邦重用,终于焕发出夺目的光芒。刘邦建汉后,功臣已经成为大汉的威胁,尤其是像韩信这样有能力谋反的人。韩信后期为淮阴侯时,"居常鞅鞅,羞与绛、灌等列",自恃功高,常悔不反,最终被吕后设计,斩于长乐钟室。和《史记》中的很多人物一样,韩信是一个很复杂的人:既有高人一等的才气,又有不谙政治的天真;既有吞并天下的志向,又有甘为人臣、知恩图报的义气。所以纵观韩信的一生,他表现得比较纠结:该反的时候不反,不该反的时候偏偏又有反心。在楚汉之争最激烈的时候,韩信实际上已经成为决定战局的关键一环。项王派武涉前去游说:"足下右投则汉王胜,左投则项王胜。项王今日亡,则次取足下。足下与项王有故,何不反汉与楚连和,参分天下王之?"这是游说之

① 司马迁:《史记·越王勾践世家第十一》,中华书局1959年版,第1746页。
② 司马迁:《史记·淮阴侯列传第三十二》,中华书局1959年版,第2627页。

辞,也是对天下形势的分析判断。韩信不为所动:“臣事项王,官不过郎中,位不过执戟,言不听,画不用,故倍楚而归汉。汉王授我上将军印,予我数万众,解衣衣我,推食食我,言听计用,故吾得以至于此。夫人深亲信我,我倍之不祥,虽死不易。”①韩信从自己的角度对刘邦待己的恩义做出了理解判断。之后蒯通“知天下权在韩信”,也前往劝说韩信脱离刘邦,争夺天下。蒯通认为韩信在这场争斗中应该是胜算很大的。韩信依然没有同意:“汉王遇我甚厚,载我以其车,衣我以其衣,食我以其食。吾闻之,乘人之车者载人之患,衣人之衣者怀人之忧,食人之食者死人之事,吾岂可以乡利倍义乎!”②蒯通再三劝说,韩信始终“犹豫不忍倍汉,又自以为功多,汉终不夺我齐,遂谢蒯通”③。而事情的发展走向与蒯通的预想几乎一致,韩信先因有人告其谋反,欲剖白于高祖之前,却被高祖所擒,贬为淮阴侯。最后身死于吕后之手,临死前深悔“不用蒯通之计,乃为儿女子所诈,岂非天哉!”④韩信没有得到他预想中的好结果,只能将被杀的结局归因于命运的安排。

伍子胥与韩信的相似之处在于他也有国家功臣的身份,但他们被处死的原因不尽相同,这也说明臣子的生死都在君王的掌控中,他们并未因身为功臣而得到任何优待,反而越是功臣越为君王所忌惮。伍子胥被杀也有功高震主的因素在。

> 子胥为人刚暴,少恩,猜贼,其怨望恐为深祸也。前日王欲伐齐,子胥以为不可,王卒伐之而有大功。子胥耻其计谋不用,乃反怨望。而今王又复伐齐,子胥专愎强谏,沮毁用事,徒幸吴之败以自胜其计谋耳。今王自行,悉国中武力以伐齐,而子胥谏不用,因

① 司马迁:《史记·淮阴侯列传第三十二》,中华书局1959年版,第2622页。

② 司马迁:《史记·淮阴侯列传第三十二》,中华书局1959年版,第2624页。

③ 司马迁:《史记·淮阴侯列传第三十二》,中华书局1959年版,第2625—2626页。

④ 司马迁:《史记·淮阴侯列传第三十二》,中华书局1959年版,第2628页。

> 辍谢,详病不行。王不可不备,此起祸不难。且嚭使人微伺之,其使于齐也,乃属其子于齐之鲍氏。夫为人臣,内不得意,外倚诸侯,自以为先王之谋臣,今不见用,常鞅鞅怨望。愿王早图之。①

伯嚭从对伍子胥的性格判断入手对其行为进行推断,使吴王动了杀心。这里的论断因为司马迁"吴太宰嚭既与子胥有隙,因谗曰"的断言,而不具有可信性。伍子胥青年时为父复仇,刚毅果决,竭力贯彻个人意志,不惜鞭尸楚王,投奔吴国后又竭力为阖闾、夫差父子效力,结果还是难逃被诛的命运。韩信和伍子胥可视为功臣的典型形象,他们被各自所效忠的君王所杀,形象具有被人同情的悲剧性。

张良和范蠡以超越悲剧的方式树立了功臣的另外一种生存模式。他们属于中国式的智者,能够看透与放下。张良论及功成以后的愿望称:"家世相韩,及韩灭,不爱万金之资,为韩报仇强秦,天下振动。今以三寸舌为帝者师,封万户,位列侯,此布衣之极,于良足矣。愿弃人间事,欲从赤松子游耳。"②他功高而以封侯为满足,经常"杜门不出岁余",保全了自己的性命,同时也为后代留下一个典范:其潇洒的、功成不受赏的从容自若形象深为后世文人所推崇,比如李白就向往成为帝王师后飘然而去。这个形象已经隐然有了魏晋时人的潇洒风貌——脱离功利追求,向往生命的自由。而范蠡"浮海出齐,变姓名,自谓鸱夷子皮,耕于海畔,苦身戮力,父子治产。居无几何,致产数十万"③,到另一个领域去施展自己的才华,享受人世繁华,也具有某种随性而为、快意人生的人物美感。

刘邦的另一位功臣萧何采用韬光养晦的方式保全自身,比之张良,萧何的退避显得颇为狼狈。"客有说相国曰:'君灭族不久矣。夫君位为相国,功第一,可复加哉?然君初入关中,得百姓心,十余年矣,皆附君,常复孳孳得

① 司马迁:《史记·伍子胥列传第六》,中华书局1959年版,第2179—2180页。

② 司马迁:《史记·留侯世家第二十五》,中华书局1959年版,第2048页。

③ 司马迁:《史记·越王勾践世家第十一》,中华书局,1959年版,1752页。

民和。上所为数问君者,畏君倾动关中。今君胡不多买田地,贱贳贷以自污？上心乃安。'于是相国从其计,上乃大说。"①萧何要做出贪财的样子方能去君王之疑,与张良的从容不迫不可同日而语。由此可以看出功臣所带有的悲剧性,他们中有人因令君王怀疑而被杀戮,有人拼命寻求保命的方法,也有人在看透世事后离去,但如范蠡、张良这样的智者毕竟还是少数。功臣之悲剧性所展现的是君臣秩序的无保障性,理想中的君臣和谐状态非常罕见,这同时为君与臣的悲剧奠定了基调,不仅是君王孤独感的来源,也是功臣悲剧性的来源。在我国的戏剧舞台和通俗文学中,有很多程式化的功臣不得善终的故事,如薛刚、杨家将、岳飞的故事等等,展现的即是功臣悲剧。

(四)士人形象

士人指知识阶层,在《史记》中,士人的形象也是中国古代社会一直以来的主流审美形象。中国古代社会的主流审美形象是怎样一种形象呢？李泽厚说:"审美是社会性的东西(观念、理想、意义、状态)向诸心理功能特别是情感和感知的积淀。"②审美形象来自于审美主体对审美对象本身自外在形态向内在精神和心理的深入感知和体验,是审美对象精神本质的外在体现,且精神本质只能通过个人的言行等外在表现来感知。中国古代社会的主流审美形象是与儒家对人物的审美判断相联系的。儒家在为人行事上倡导"入世哲学",孔子说:"用之则行,舍之则藏。"③孟子说:"穷则独善其身,达则兼善天下。"④孔孟倡导的对自我道德的修炼和对人生价值的追求,成为中国社会对士人形象的审美要求,也成为士大夫的立身准则。《红楼梦》里,贾宝玉不愿意奉行儒家的行为准则,遭到社会主流人群的一致谴责。与父亲贾政共同验看省亲别墅的时候,贾宝玉批评了稻香村设计的虚假之处,被贾

---

① 司马迁:《史记·萧相国世家第二十三》,中华书局 1959 年版,第 2018 页。
② 李泽厚:《华夏美学·美学四讲》,三联书店 2008 年版 ,第 11 页。
③ 杨伯峻:《论语译注》,中华书局 1958 年版,第 73 页。
④ 杨伯峻:《孟子译注》,中华书局 1960 年版,第 304 页。

政大加责骂，因为以贾政为代表的士大夫见之油然升起“归农之意”。这也体现了中国古代社会主流审美价值在出世和入世之间的平衡和选择。因为中国古代社会的主流人士，或者说在社会思想上占主要地位的就是以儒家学派为代表的士大夫，他们的思想和审美观也就构成了社会的主流审美意识。此外，儒道在出世与入世转换点上还形成了互补，积极有为的人生态度和洁身自好的人生操守也就为中国古代文人所认可的主流审美观所接受。

孔子和屈原可以视为《史记》中士人形象的代表。司马迁本人对孔子和屈原都非常仰慕，在作品中对他们投入了极深的情感。《史记》中，孔子的平生起止记述以《论语》为蓝本处颇多，司马迁书写了孔子为实现自己的理念离开鲁国周游列国，最终又回到鲁国、绝笔于获麟的过程，其间孔子的政治理想始终未能得到实现。他转而著述和教育子弟，以超越性的形象继续传播着自己的学说和理念。在《孔子世家》中，司马迁表达了自己对孔子的仰慕之情，以“太史公曰”评价孔子“高山仰止，景行行止”。就执着于信念和理想的品行而言，屈原与孔子颇有相通之处：孔子周游列国，希望实现其学说和理念而不得，依然执着；屈原怀抱治国理想和高洁志愿，在楚国屡屡碰壁，却不放弃自己的理想和高贵品质。从这个角度看，他们都具有精神意义上的相似性以及人格品行上的审美性。这也是儒家人格美意义上的“孔颜乐处”。“子曰：‘饭疏食饮水，曲肱而枕之，乐亦在其中矣。不义而富且贵，于我如浮云。’”①“一箪食，一瓢饮，在陋巷，人不堪其忧，回也不改其乐。”②以物质的贫乏、现实生活的困窘来衬托精神之“乐”，其“乐”在精神世界的出入自如，这是一种不为外界功利条件所左右的精神愉悦平和的境界。因此，《史记》中的士人形象强调精神世界的执着与坚持，这也成为中国人所推崇的知识分子的品格。

《史记》中，屈原的人格境界在一个颇具审美意味的场景中突出展现了

① 杨伯峻：《论语译注》，中华书局1958年版，第76页。

② 杨伯峻：《论语译注》，中华书局1958年版，第63页。

出来,也就是著名的"屈子行吟图"。这幅"屈子行吟图"在《史记》中被描画出来后,成为中国画中经常被选择的题材:画中的屈子在江边峨冠广袖,清癯傲然,茕茕独立,展现了其精神的傲岸不屈。这个形象来自《离骚》中屈原的自我形象展示,也是对《史记》所描写的屈子人格的艺术呈现。

> 屈原至于江滨,被发行吟泽畔。颜色憔悴,形容枯槁。渔父见而问之曰:"子非三闾大夫欤?何故而至此?"屈原曰:"举世混浊而我独清,众人皆醉而我独醒,是以见放。"渔父曰:"夫圣人者,不凝滞于物而能与世推移。举世混浊,何不随其流而扬其波?众人皆醉,何不餔其糟而啜其醨?何故怀瑾握瑜而自令见放为?"屈原曰:"吾闻之,新沐者必弹冠,新浴者必振衣,人又谁能以身之察察,受物之汶汶者乎!宁赴常流而葬乎江鱼腹中耳,又安能以皓皓之白而蒙世俗之温蠖乎!"①

这一问一答展现的是屈原宁为玉碎、不为瓦全的人生品格,他自洽于自己的品格,以外在的傲然态度坚守着精神上的高洁与执着。

(五)义士形象

义士之"士"非士人之"士",而是对以"义"为特征的人的称呼。《史记》中的义士多是小人物,他们是平民百姓,是没有官职的非贵族出身的人物。他们有一定的能力,为了道义不计生死。在《史记》中,这一类人集中出现在《刺客列传》和《游侠列传》中。刺客与游侠在司马迁笔下有一定的区别,刺客是有主人的人,他们接受恩义,勇于报答。游侠本是普通平民,并没有依附其他人,又有"布衣之侠""闾巷之侠""匹夫之侠"等称谓,他们对生命与道义的看法以及超越生死的行为选择与刺客是相同的。"今游侠,其行虽不

---

① 司马迁:《史记·屈原贾生列传第二十四》,中华书局1959年版,第2486页。

轨于正义,然其言必信,其行必果,已诺必诚,不爱其躯,赴士之厄困,既已存亡死生矣,而不矜其能,羞伐其德,盖亦有足多者焉。"①"自曹沬至荆轲五人,此其义或成或不成,然其立意较然,不欺其志,名垂后世,岂妄也哉!"②他们有自己的立身原则,愿意以生命为代价完成自己的志愿。

《刺客列传》依次记载了春秋战国时代曹沬、专诸、豫让、聂政和荆轲等五位著名刺客的事迹,曹沬劫持齐桓公,专诸刺吴王僚,豫让刺赵襄子,聂政刺韩相侠累,荆轲刺秦王。《游侠列传》记述了当时的著名侠士朱家、剧孟和郭解的事迹。除了《刺客列传》和《游侠列传》,《赵世家》中"赵氏孤儿"的故事也树立了义士公孙杵臼和程婴的形象,这个故事后被演绎为元代戏剧《赵氏孤儿》,甚至流传到法国成为伏尔泰笔下的《中国孤儿》。他们拥有一个共同的特征就是不畏强权,不贪富贵,义之所至,生死不辞。"豫让曰:'臣事范、中行氏,范、中行氏皆众人遇我,我故众人报之。至于智伯,国士遇我,我故国士报之。'"③豫让以对比论断表述了对恩义的态度,这既是对恩主的生命报答,也体现了自我形象的纯粹感。

而郭解"执恭敬,不敢乘车入其县廷。之旁郡国,为人请求事,事可出,出之;不可者,各厌其意,然后乃敢尝酒食。诸公以故严重之,争为用。邑中少年及旁近县贤豪,夜半过门常十余车,请得解客舍养之"④。"解入关,关中贤豪知与不知,闻其声,争交欢解。"⑤寥寥几笔,对郭解天下闻名、人人景从的义侠形象做出了评断。后来《水浒传》中"及时雨"宋江的所作所为与此颇多相似之处,他们遵循的是人与人相交的道义,急人危难,重然诺,轻生死,开辟了中国文化中远离庙堂的江湖侠士的审美人格。

这样的审美人格在《史记》"易水送别"的图景中达到审美最大化。

---

① 司马迁:《史记·游侠列传第六十四》,中华书局1959年版,第3181页。
② 司马迁:《史记·刺客列传第二十六》,中华书局1959年版,第2538页。
③ 司马迁:《史记·刺客列传第二十六》,中华书局1959年版,第2521页。
④ 司马迁:《史记·游侠列传第六十四》,中华书局1959年版,第3187页。
⑤ 司马迁:《史记·游侠列传第六十四》,中华书局1959年版,第3188页。

> 太子及宾客知其事者，皆白衣冠以送之。至易水之上，既祖，取道，高渐离击筑，荆轲和而歌，为变徵之声，士皆垂泪涕泣。又前而为歌曰："风萧萧兮易水寒，壮士一去兮不复还！"复为羽声慷慨，士皆瞋目，发尽上指冠。于是荆轲就车而去，终已不顾。①

这一段文字与《战国策》的记叙相同，极具画面感。众人皆知荆轲此去必死无疑，荆轲本人也深知这一点，但他却毫不犹豫，绝不回顾，以歌声来表达自己一往无前的勇气与慷慨豪迈之情。"易水送别"的图景后成为中国传统文化表征男儿豪气的审美场景。辛弃疾有词曰"男儿到死心如铁"，指的也是这个意思。"易水送别"的场景除了展现主人公荆轲的慷慨豪迈，还带有整体的审美意味，这和古人折柳相送重在表达思念之情的优柔之美不同，体现了一种慷慨激昂的壮烈之美。

大人物的传记除了展现大人物的事迹之外，还有其历史意义。《史记》中的大人物形象会和此人的历史地位、历史作用发生重合，构成人物的文化背景并影响读者的判断，而小人物的出场就是直接以自己的行为塑造自身的形象。《史记》中以"义士"为代表的小人物，他们身上基本都有一个共同点，就是以"义"的品格立身：《刺客列传》中的五人——曹沫、专诸、豫让、聂政、荆轲，他们为"义"不顾生死；《游侠列传》中的朱家、剧孟、郭解，也都是仗义助人之辈。司马迁说："吾视郭解，状貌不及中人，言语不足采者。然天下无贤与不肖，知与不知，皆慕其声，言侠者皆引以为名。"②他们是历史中的小人物，能得到司马迁的认可全是因为具有"义"的品格。这种道德意义上的人格形象也与人在世间应以"义"为先的审美形象相重合，并在后世小说中侠客、义士的审美形象上得到了发展。

---

① 司马迁：《史记·刺客列传第二十六》，中华书局1959年版，第2534页。

② 司马迁：《史记·游侠列传第六十四》，中华书局1959年版，第3189页。

三、人的悲剧处境与精神超越

《史记》中的审美形象显现了人的悲剧处境及其精神超越，人的悲剧处境表现为在历史事实的基础上不同类别的人展现出的悲剧性，精神超越则包括人物应对悲剧处境的反应以及态度选择。

帝王、功臣、英雄、士人、义士，他们的身份囊括了社会生活的不同阶层，就外在功利性的追求而言，人在社会时空中的定位由其成功或失败而标注。帝王身份具有天生的优越性，《史记》中的帝王形象也多为胜利者形象，但是帝王的胜利者形象反而把人的悲剧处境体现得更为明晰——抛却附加性的人生功利价值判断，帝王将人的必死处境以及人的孤独本质悲剧性地展现了出来。功臣的身份与帝王对应，他们为帝王服务和效忠，没有帝王，功臣也就失去了存在的可能性。功臣在君臣礼制秩序下的对应关系中是弱势的一方，在中国古代的政治体制中，君臣身份自然也存在反转的可能，依靠功臣成就事业的帝王对此更有切身的体会，所以《史记》中的功臣是注定的悲剧性存在，而功臣对自身悲剧结局的规避是其在建功立业与保全生命之间寻求平衡的努力。《史记》中的英雄形象具有悲壮的审美特征，他们具有非凡的才能，却常常遭遇失败。英雄的“悲”来自于人生博弈的失败，即无论如何都无法逃脱命运的安排，无法逃脱与自身追求与理想相背离的结局；“壮”则来自于内心的坚持与不屈服，以及由此产生的行为选择和某种程度上的命运自主。从个人坚持方面而言，《史记》中士人的人生处境与英雄有相似之处，但士人并不具有英雄身上能力超凡的特质，《史记》中的士人形象具备了传统知识分子的情操：秉持高洁，执着追求。从社会功利性评价而言，士人们执着追求仍不免失败，不能实现自己的志愿，但是他们在精神世界却以要有所作为的情怀和崇高的精神追求而成为后世知识分子的精神偶像。义士本来是历史浪潮中的小人物，即没有背景的平民，他们在史书中一向是以群体面目出现的，但《史记》的记载却使他们因人格品行意义上的“义”脱颖而出,成为历史中独立的存在。因此可以说《史记》中义士的存在,其精神意义大于史实意义。作为历史中的小人物,他们的存在对历史的发展走向并没有根本上的影响,但他们在精神气质引领下的超越生死的壮烈行为使其形象充满阳刚之美,由此他们也具备了中国文化中的审美品格。

《史记》的五种审美形象展现了现实的悲剧性以及个人在行为上对此的超越,超越在此具有两种含义:一是对必然而来的悲剧性处境的对抗,这种对抗多为全身保命的努力;一是从精神上对悲剧处境的无视,以更高层次的精神追求覆盖对于生命必逝的恐惧,从而寻求生命的意义。

《史记》直接面对人的悲剧性处境,而身在悲剧处境中的人以对抗生死或不惧生死的行为展现了对悲剧处境的超越,从而展现了《史记》时代人的完整的生存状态。

第三章

雄浑劲健:《史记》的审美感受

《史记》的审美感受指的是《史记》予人的整体性美感,它既彰显出《史记》本身的审美特质,又体现了读者的审美感知。如杜诗以内敛的情感、沉重的时代感及语句富于韵律感使读者获得沉郁的审美感受,李诗以超凡的想象力、奔放的情绪及昂扬的音调使读者获得飘逸的审美感受。与诗歌以意象构成意境的审美方式不同,叙事文本以形象——人物的形象、场景的形象、时代的形象——最终建构完整的审美感受。史传类作品尤其营造了时间意义上的人格形象,"《史记》及其作者的历史、时间意识的审美意义,与汉代的经学文化相通。在《史记》中,司马迁塑造与记录了中华民族之伟大的群体人格"①。《史记》所建构的整体性审美形象所展现的,是雄浑劲健的美感。

第一节 雄浑劲健的概念与内涵

"雄浑"与"劲健"是出现在《二十四诗品》中的一对审美范畴,也是中国古代美学一直沿用的典型概念,人们通过概念的阐释与剖解得出理念性的审美感受。《二十四诗品》的成书,在我国美学史上具有重大意义,有学者称其"集我国美感范畴之大成"②。该书美感概念的熔铸受到了儒家与道家思想的共同影响。司空图《二十四诗品》自二十世纪九十年代以来即有学者力

① 王振复:《中国美学史教程》,复旦大学出版社2004年版,第116页。

② 宗白华:《美学散步》,上海人民出版社2005年版,第359页。

证其为伪书,称其在明代才有被引用的记录,基本可以判定绝非唐代作品,所以也不是司空图所做。学者们的研究和考证可备一说,但我们也要承认,该书所提供的二十四种美学范畴对中国古代美学的意境形态展现具有重要的意义。

一、雄浑

雄浑在《二十四诗品》中被列为第一品,《二十四诗品》是这样对雄浑进行解释的:“大用外腓,真体内充,返虚入浑,积健为雄。具备万物,横绝太空,荒荒油云,寥寥长风。超以象外,得其环中,持之匪强,来之无穷。”①从整体上看,雄浑具有“具备万物,横绝太空”的广阔感和“真体内充”“积健为雄”的力量感,与西方美学中的崇高有相似的地方,但是崇高缺乏雄浑“超以象外,得其环中”的圆融连贯之感,雄浑也不具备崇高所引致的“痛感”。

第一句“大用外腓,真体内充,返虚入浑,积健为雄”是对审美对象内容充实、充满力量感的一种界定,它表现于外的是浑茫无际的气魄。“返虚入浑”,一切意象俱为虚像,但虚像却又要依托具体的物态方有想象与欣赏的空间,才可能触发想象,引起美感,最终形成整体性的浑茫无涯之感。这种浑茫无涯非指茫然凄清、无所依托之情,而是指累积健朗之风、苍茫寥廓之气。西方美学范畴中的悲剧实有“雄”之一面,“雄”是其充满阳刚力量的体现。悲剧表现了力量撕扯和毁灭的一面,悲剧中的“悲而能壮”与阳刚之“雄”有相似之处。具有崇高感的悲剧会予人雄浑的感觉——或因其人物品格的高贵,或因其故事架构的恢宏,或因其命运表现的无常。第二句“具备万物,横绝太空,荒荒油云,寥寥长风”予人联通一气、充满生命力的感觉。“荒荒油云,寥寥长风”是一种具象的形容,因为“油云”与“长风”都是飞扬在天地间的不可断绝之物。“具备万物,横绝太空”以贯通时间与空间的气

① 祖保泉:《司空图诗品解说》,安徽人民出版社1980年版,第27页。

势,在天地之间驰骋想象,建构形象,这与史家所传达的历史感和诗人所感叹的人在天地间的空茫感实有一脉相承的美感。第三句"超以象外,得其环中,持之匪强,来之无穷"阐释了对艺术性的追求。美感出于自然,得于形式之外,有无穷无尽之用。此句也可以引申为对意义的寻求,从文字中跳出来看,在形象之外理解意义,会生发出无穷的想象。

> 从鞋具磨损的内部那黑洞洞的敞口中,凝聚着劳动步履的艰辛。这硬邦邦、沉甸甸的破旧农鞋里,聚积着那寒风料峭中迈动在一望无际的永远单调的田垄上的步履的坚韧和滞缓。鞋皮上粘着湿润而肥沃的泥土。暮色降临,这双鞋底在田野小径上踽踽而行。在这鞋具里,回响着大地无声的召唤,显示着大地对成熟谷物的宁静馈赠,表征着大地在冬闲的荒芜田野里朦胧的冬眠。这器具浸透着对面包的稳靠性无怨无艾的焦虑,以及那战胜了贫困的无言喜悦,隐含着分娩阵痛时的哆嗦,死亡逼近时的战栗。①

海德格尔从凡·高画作中感受到无尽的意义阐释以及对生命本质的解读,也是这个意思。

关于雄浑,清杨振纲《诗品解》引《皋兰课业本原解》云:"此非有大才力、大学问不能,文中惟庄、马,诗中惟李、杜,足以当之。"以雄浑加大才力、大学问,自然使文本呈现出连贯壮阔的气魄和深厚的文化底蕴。《二十四诗品》用雄浑的美感来形容诗味,意在追求意象的浑融壮阔。《史记》虽然没有出于审美目的的艺术追求,但却凸显了历史画卷中的审美形象——既有生存状态、人格典范的集中体现,也有时代场景的整体呈现。从字面意义理解,"雄"体现阳刚壮阔之美,"浑"表现融贯天地古今的浑融气魄,由此也可以把"雄浑"理解为充满生命力和气魄的纵横开阔的壮美。《史记》的雄浑风

① 海德格尔:《林中路》,孙周兴译,上海译文出版社2004年版,第18—19页。

格表现在两方面:一是“究天人之际”的浑然气魄,即探察天命所向的命运轨迹,以及个人命运在天命统辖下可知与未知之间的融汇浑茫之感;二是“通古今之变”的雄阔气势,即探察历史变革的雄奇壮阔,展现历史变故的戏剧性和人类命运的波澜起伏,呈现人类命运的悲剧性,以及历史的悲剧中人的抗争与超越。

二、劲健

劲健的美感与雄浑有相似的地方:“行神如空,行气如虹,巫峡千寻,走云连风。饮真茹强,蓄素守中,喻彼行健,是谓存雄。天地与立,神化攸同,期之以实,御之以终。”①“雄”乃“积健为雄”,而“喻彼行健,是谓存雄”表明雄浑与劲健是具有阳刚性质的一组审美范畴。“雄浑”“劲健”释义的最后一句,“持之匪强,来之无穷”与“期之以实,御之以终”,都体现了一种往复无穷之感,不过雄浑与劲健在程度、广度上以及运用范畴方面还是有不太一样的地方。

从《二十四诗品》对劲健风格的解释来看,劲健与形式感结合得比较紧密。第一句“行神如空,行气如虹,巫峡千寻,走云连风”运用形象化的比喻表现劲健的风格。“行神如空,行气如虹”及“走云连风”都提到作品表现于外的精神气骨,其蕴含的情感一以贯之,明朗刚健,这是通过作者的运笔实现的。第二句“饮真茹强,蓄素守中,喻彼行健,是谓存雄”从个人的修养谈起,由内而发使作品呈现积极向上的健朗风格。“饮真茹强,蓄素守中”即要培育自身刚毅强健的内在精神,再发之于外,表现为“雄”。其发之于外的是积极向上的精神情感形态,正如“健”之一字来自于《周易》中的“天行健,君子以自强不息”,崇扬的是人生状态的蓬勃趋上。第三句“天地与立,神化攸同,期之以实,御之以终”强调的是天地之间的强健之气。儒家本有养气一

① 祖保泉:《司空图诗品解说》,安徽人民出版社1980年版,第48页。

说,胸中有浩然之气,笔下自然有劲健之文。与雄浑相比,劲健更易通过文本的形式体现,文本中的情感、文本呈现的写作状态与写作方式都可以展现劲健的风格。不管是雄浑还是劲健,都体现了一种刚健有力感,以及阳刚和壮美的审美倾向。

劲健的形式感体现在叙事上则表现为明朗有力的风格,有气骨,有情感,且情感表达明朗刚健,绝不萎靡。"疾风知劲草","劲"显示着一种刚健有力的线条感,在叙事文本中表现为简劲传神、下笔有力。

三、雄浑与劲健的关系

雄浑与劲健在《二十四诗品》中是关系比较紧密的一组审美范畴。司空图释雄浑云"积健成雄",实已表明劲健的特质包含在雄浑之中,雄浑更有囊括一切的气概。劲健更易从形式上获得体现,情感的健朗、行文的明快都能够给作品打上劲健的标记,而雄浑则是整体风格的呈现,需深挖其内涵方可加以体味。所以司空图在解释雄浑时,称"健"是存在于其中的,其实这也表明形式上的劲健包含在整体风格的雄浑之中。

《二十四诗品》释义时每以自然界之物为喻,雄浑劲健对应的都是自然界中至大至阔的物态,比如天地间飞驰的风与云,不过其着重点是不一样的。雄浑所对应的"荒荒油云,寥寥长风"指自然界的风云,它们空茫无际,充满力量与生命感,需要进行整体性的探究。劲健所对应的"行神如空,行气如虹,巫峡千寻,走云连风"用力点在力量的行使上,要"行"、要"走"、要"连","行健"之后,方可"存雄"。这是对作者的要求,也是对作品的要求:缀连篇章,抒发情感,展现文本的力量与生命,从形式上不断地体现"雄"之美。所以本书在探讨《史记》的美感时以雄浑来解读其内涵性的美感,以劲健来解读其形式化的美感,当然内容与形式并不能截然分开,形式的表达就是内容的一部分,内容的展现也需要形式的推动。雄浑与劲健亦有相通相融的地方,但为论述清晰方便计,笔者将雄浑与劲健的概念内涵大致做了一个划分。

第二节 “究天人之际”的浑茫无涯

司马迁自述写作《史记》的目的是“究天人之际”。研究“天”在汉代应为哲学上的一个主题，当时的“中国哲学思想退入‘宇宙论中心之哲学’之幼稚阶段”①，“天人相应之说，则半涉及‘天’之意志，半涉及‘天’之规律”②。而司马迁在究“天”之余，更要探究“天人之际”的关系，既关切历史中命定的那一部分，即天命所归的部分，也关注历史中不可预测的部分即人的命运，所以司马迁“究天人之际”的视野更为广阔。《史记》展现了时空无限的天人命运交汇场景，展现了人在此场景中的命运状态。

一、天人命运的交汇

天人命运的交汇是个人命运在天命主宰下的呈现，展现了人的命运流程。司马迁本人是相信命运的，在《史记·天官书》中，司马迁写道：“夫天运，三十岁一小变，百年中变，五百载大变；三大变一纪，三纪而大备：此其大数也。为国者必贵三五。上下各千岁，然后天人之际续备。”③《史记》是一部史书，史书是对已经发生的事件的真实记录，班固称赞司马迁治史“善序事理，辨而不华，质而不俚，其文直，其事核，不虚美，不隐恶，故谓之实录”④，并称其为“良史之材”。《史记》本身的史学意义和价值是毋庸置疑的，同时《史记》亦有有别于一般史书的地方，或者说从审美的角度而言有高于传统

---

① 劳思光：《新编中国哲学史》二卷，广西师范大学出版社 2005 年版，第 3 页。
② 劳思光：《新编中国哲学史》二卷，广西师范大学出版社 2005 年版，第 16 页。
③ 司马迁：《史记·天官书第五》，中华书局 1959 年版，第 1344 页。
④ 班固：《汉书·司马迁传第三十二》，中华书局 1962 年版，第 2738 页。

意义上的史书的地方,它源自司马迁本人的情感选择和历史观。《史记》讲述了人在特定时空中的存在状态,在这个时空中,司马迁把人的存在归因于天命。司马迁在《报任安书》中明确提出自己写作《史记》的目的是“究天人之际,通古今之变,成一家之言”,其中的“究天人之际”并非比喻或虚语,因为司马迁确实相信在天人之间有一种宿命般的微妙联系,上天所向会准确地投射到人的命运中来。这在《史记·天官书》中展现得甚为详尽,在司马迁记录的天象后面,都对应着历史的变迁。如“天一、枪、棓、矛、盾动摇,角大,兵起”①,天上的星光动摇,人间就会起战乱。“尾为九子,曰君臣;斥绝,不和。箕为敖客,曰口舌。”②星宿间相隔绝远,人间就会君臣失和。

(一)天命与个体命运的对应

古人认为,命运安排了人生的轨迹,它在运行的过程中具有不可把控性和神秘性,它切实地与人的生命相连接,集中反映着人的生命历程。命运并非人生中琐碎的细节和流程,而是决定人生走向的关键。命运与人不可分割,命运叵测带给我们以人生福祸和生命悲欢。

中国人是敬天知命的民族,从有明确的历史记录开始,就有关于敬畏天命的记载。在中国人的心目中,天命从来就不是确指的人格神——尽管古人在祭祀的过程中,也有对“天帝”的呼告,但这个“天帝”是没有完整谱系的模糊的代称,一般而言,人们只是将之当作敬畏天命、寄托感愿的符号。

国之大事,在祀与戎。上古之时,向天帝祭祀是一件非常重大的事情,举凡国有要事,都须得向天帝报告和请求。在每一次战争之前,更要向天帝祭祀。

> 禹乃会群后,誓于师曰:“济济有众,咸听朕命。蠢兹有苗,昏

① 司马迁:《史记·天官书第五》,中华书局1959年版,第1295页。

② 司马迁:《史记·天官书第五》,中华书局1959年版,第1298页。

迷不恭，侮慢自贤，反道败德。君子在野，小人在位。民弃不保，天降之咎。肆予以尔众士，奉辞伐罪。尔尚一乃心力，其克有勋。”①

禹伐三苗，以上帝之名为誓。其讨伐三苗的理由则是三苗反德不恭，故而上帝责罚，他乃奉上帝之命予以征伐。

王曰：“格尔众庶，悉听朕言。非台小子敢行称乱，有夏多罪，天命殛之。今尔有众，汝曰：‘我后不恤我众，舍我穑事而割正夏？’予惟闻汝众言，夏氏有罪。予畏上帝，不敢不正。今汝其曰：‘夏罪其如台？’夏王率遏众力，率割夏邑，有众率怠弗协，曰：‘时日曷丧，予及汝皆亡！’夏德若兹，今朕必往。”②

商汤伐夏桀，亦称上帝有命，要对有罪的夏氏予以征伐。他在此领的是上帝的命令，因为夏桀没有遵守代替上帝以德治民的法则。

王曰：“嗟！我友邦冢君越我御事庶士，明听誓。惟天地万物父母，惟人万物之灵。亶聪明，作元后，元后作民父母。今商王受，弗敬上天，降灾下民。沉湎冒色，敢行暴虐，罪人以族，官人以世。惟宫室、台榭、陂池、侈服，以残害于尔万姓。焚炙忠良，刳剔孕妇。皇天震怒，命我文考，肃将天威，大勋未集。肆予小子发，以尔友邦冢君，观政于商。惟受罔有悛心，乃夷居，弗事上帝神祇，遗厥先宗庙弗祀。牺牲粢盛，既于凶盗。乃曰：‘吾有民有命！’罔惩其侮。天佑下民，作之君，作之师，惟其克相上帝，宠绥四方。有罪无罪，

① 《大禹谟》，见《尚书·虞书》，王世舜、王翠叶译注，中华书局 2012 年版，第 364 页。

② 《汤誓》，见《尚书·商书》，王世舜、王翠叶译注，中华书局 2012 年版，第 97—98 页。

予曷敢有越厥志?同力,度德;同德,度义。受有臣亿万,惟亿万心;予有臣三千,惟一心。商罪贯盈,天命诛之。予弗顺天,厥罪惟钧。予小子夙夜祗惧,受命文考,类于上帝,宜于冢土,以尔有众,底天之罚。天矜于民,民之所欲,天必从之。尔尚弼予一人,永清四海。时哉弗可失!"①

历史再一次循环,及至武王伐纣,武王向上帝祝告的理由与商汤伐夏桀时的理由是相似的,作为末代君王的纣王和夏桀一样残暴无度,忤逆上天,武王同样是受命于天讨伐暴君。

人间帝王的德行关联到天帝的天命,上天并不是可以显露身形、明确发号施令的具体形象,天命通过不断流转的天行规范展现不可更易的人间规则。

天尊地卑,乾坤定矣。卑高以陈,贵贱位矣。动静有常,刚柔断矣。方以类聚,物以群分,吉凶生矣。在天成象,在地成形,变化见矣。是故刚柔相摩,八卦相荡。鼓之以雷霆,润之以风雨;日月运行,一寒一暑。乾道成男,坤道成女。乾知大始,坤作成物。②

天命在人世间通过与人相关联的"物象"展现出来,古人敬畏天命,以自己的视角观察天地,通过具体而微的细节感知人间世相。"古者包牺氏之王天下也,仰则观象于天,俯则观法于地,观鸟兽之文,与地之宜,近取诸身,远取诸物,于是始作八卦,以通神明之德,以类万物之情。"③远古时,伏羲氏感应到天地万物与人间世相暗合,以自己在世间的观察来感应天命,又再度将

① 《泰誓》,见《尚书·周书》,王世舜、王翠叶译注,中华书局2012年版,第429—431页。

② 《周易》,郭彧译注,中华书局2006年版,第356页。

③ 《周易》,郭彧译注,中华书局2006年版,第380页。

天命用具体的形象进行传达,“通神明之德”。

“子曰:‘君子有三畏:畏天命,畏大人,畏圣人之言。小人不知天命而不畏也,狎大人,侮圣人之言。’”①孔子对天命持敬畏的态度,认为对天命所彰显的一切应默认和服从,所以他告诫自己的弟子说:“道之将行也与,命也;道之将废也与,命也。”②这里的“命”不是单纯指个体的命运,而有天命的意味。“道”是与天命相关的概念,是孔子一直汲汲追求和致力于实现的理想境界,所以个体的命运是不能与他所奉行的“道”相提并论的。在孔子看来,天命是成就一切的力量,人在付出了一切努力之后能否取得成功,就要看天命的指向。后世俗语所谓“谋事在人,成事在天”其实也是这个意思。天命不会直接出面成就事物,但是在一切已有事物的背后,都有天命默默运转的力量。综上所述,古代中国人承认天命,敬畏天命。其天命观,也就是对天命的认知是这样的:

其一,天命是制约一切的力量。虽然天命不以具体的人格神的形象出现,但却是宇宙生命存在的先决条件。人类的活动,莫不是在天命的指引下进行的,如果违反天命,则自有灾殃。朝代的更替都是人间的帝王在执行天命,讨伐不敬天命者。

其二,天命无所不在。在一切现有事物的背后都有天命运行的轨迹,因此人世间才会井然有序、尊卑有分、上下有别。在这样的天命运行轨迹下,人的群体才能以秩序井然相应和。

其三,天命以与事物交融的形式出现。由于天命无所不在,同时又不具备具体的形象,所以天命为人所感知的方式就是附着在人间的事物之上。人类唯有通过观察四季、风云、生物的一切细微变化,也就是人间万物的具体的“象”,才能感知天命的存在。

其四,天人合一是个体接受天命的方式。人类如何通过观察具体的

① 杨伯峻:《论语译注》,中华书局1958年版,第183—184页。

② 杨伯峻:《论语译注》,中华书局1958年版,第164页。

“象”来接受天命,顺应天命呢?答案就是天人合一。

正是因为天命会通过四时变化、物象更迭来呈现,所以古人认为天命是可以被感知的,人能通过感应的方式来体悟天命所在。“天德施,地德化,人德义。天气上,地气下,人气在其间。春生夏长,百物以兴;秋杀冬收,百物以藏。故莫精于气,莫富于地,莫神于天。天地之精所以生物者,莫贵于人。人受命乎天也,故超然有以倚。物疢疾莫能为仁义,唯人独能为仁义;物疢疾莫能偶天地,唯人独能偶天地。”①天命对世间万物而言都是施令方,而只有人能受命于天,再将天命散布四方,人受命于天的方式就是天人感应,天人合一。

> 天道之常,一阴一阳。阳者,天之德也;阴者,天之刑也。迹阴阳终岁之行,以观天之所亲而任。成天之功,犹谓之空,空者之实也。故清溧之于岁也,若酸咸之于味也,仅有而已矣。圣人之治,亦从而然。天之少阴用于功,太阴用于空。人之少阴用于严,而太阴用于丧。丧亦空,空亦丧也。是故天之道以三时成生,以一时丧死。死之者,谓百物枯落也;丧之者,谓阴气悲哀也。天亦有喜怒之气、哀乐之心,与人相副。以类合之,天人一也。②

天道的喜乐与人道相符,人通过感受天道万物的方式与天命合一,接受天命的指令,并以此指导人间的法则。具体而言,以天命象形指导人间规范、维护人间秩序的就是“礼”。“人生而有欲,欲而不得,则不能无求;求而无度量分界,则不能不争;争则乱,乱则穷。先王恶其乱也,故制礼义以分

---

① 《春秋繁露·人副天数第五十六》,张世亮、钟肇鹏、周桂钿译注,中华书局2012年版,第473页。

② 《春秋繁露·阴阳义第四十九》,张世亮、钟肇鹏、周桂钿译注,中华书局2012年版,第445页。

之。”[①]“礼由人起。人生有欲,欲而不得则不能无忿,忿而无度量则争,争则乱。先王恶其乱,故制礼义以养人之欲。”[②]荀子的《礼论篇》与《史记·礼书》对“礼”的作用所持的态度是一致的,人间的世界就像天命本身一样有自己的规律和法则,这是不可更易的。个体是天命的一部分,个体的命运亦是天命昭示的一部分,它们最后综合为整体的天命。个人在面对自身命运的时候,正如庄子所言,“知其不可奈何而安之若命,德之至也”[③]。

人间世界以“礼”来迎合天命,处处按照天命昭示的秩序进行规范。孔子说:“吾十有五而志于学,三十而立,四十而不惑,五十而知天命,六十而耳顺,七十而从心所欲,不逾矩。”[④]作为个体的人只要顺应天命,就可以在天命所昭示的世界中安然自在。

(二)命运的必然性引发对人生的整体性观照

古人认为,天命是对宇宙的整体性观照,而命运是对个体人生的整体性观照,也是对人生走向的预言和归纳。世间万物都在天命的统摄之下,个体的命运更是如此,天命的传达要靠个体来完成,因此人的命运与天命是分不开的。天命与个体的命运都是规律性的存在,是对秩序的一种传达。而审美审的其实是一种“道”,是对情感、对形象的抽象审视。从这个角度来看,固有的秩序似乎无法和审美之道产生联系,但是对于历史中的个体而言,命运应该是最恰当的一种审美表达。历史中的个体是已然如此的人物,在史书中呈现出一种固有的形象,而命运记录人物形象的固有人生轨迹,承载着人物的前行方向和情感历程,进而使历史人物成为后来品读者心中的审美形象。比如《史记》讲述了汉文帝问贾谊事,晚唐李商隐就有“可怜夜半虚前席”之句。《史记》述冯唐、李广旧事,初唐王勃亦感叹:“冯唐易老,李广难

① 王先谦:《荀子集解·礼论篇第十九》,中华书局1988年版,第346页。
② 司马迁:《史记·礼书第一》,中华书局1959年版,第1161页。
③ 陈鼓应:《庄子今注今译》,中华书局1983年版,第122页。
④ 杨伯峻:《论语译注》,中华书局1958年版,第13页。

封。”这其实也传达了后来品读者对历史人物的命运解读,引导着诗词读者的审美感受,把时空距离中的苍茫感与个体命运的不可更易性和悲剧性结合了起来。

在古人看来,命运最引人关注的是其宿命感和无常感,所以其对命运的观照也往往聚焦在人生的必然性和偶然性上。必然性来自于生命过后的整体体验,来自于天地万物对生命的暗示和成全;偶然性来自于个体在生命中的挣扎和努力。偶然性往往被淹没在必然性中,个体的各种“偶然”言行往往成就了其整个人生的“必然”。阅读者读史书,体验到的就是历史人物在天命昭示之下的命运感,以及个体在天地之间的孤独感。尤其当史书的作者对人物进行情感代入式的描述时,这种命运感会表现得更加突出。

《史记》对人类命运进行书写,司马迁接受命运对人生的安排,从个体的整体命运轨迹出发,表现了命运对人生流程毫无疑问的掌控。“燕人卢生使入海还,以鬼神事,因奏录图书,曰‘亡秦者胡也’。始皇乃使将军蒙恬发兵三十万人北击胡,略取河南地。”①秦亡于二世胡亥早已注定,秦始皇虽努力挽救,却走错了方向。“青为侯家人,少时归其父,其父使牧羊。先母之子皆奴畜之,不以为兄弟数。青尝从入至甘泉居室,有一钳徒相青曰:‘贵人也,官至封侯。’青笑曰:‘人奴之生,得毋笞骂即足矣,安得封侯事乎!’”②当卫青微贱时,谁能够预知这个奴隶会成为日后汉王朝最声名远播的大将军?!只有命运可以如此安排人生的进程,从卫青整体性的人生经历来看,前面的至贱和后来的至贵形成鲜明的对比,这种令人难以想象的命运奇迹更让人惊叹于人生的各种可能性。

从另一个角度出发,个体的人生历程也常常令人生发无限的感叹,命运的安排远远超出旁观者的想象力,也对应着不同的文化模式。以晋公子重耳的故事为例,他的经历与西方的一位王子有某种相似之处,这位王子叫哈

---

① 司马迁:《史记·秦始皇本纪第六》,中华书局1959年版,第252页。

② 司马迁:《史记·卫将军骠骑列传第五十一》,中华书局1959年版,第2922页。

姆雷特。哈姆雷特的经历基本出于虚构,他和重耳都有王室身份,都从一个相对稳定的环境中突然被抛入巨大的变故。哈姆雷特始终处于身心的巨大失衡状态中,他在苦苦的挣扎中希望找到内心的平衡,走完这条复仇之路;重耳则保持着内心的稳定,唯一有所纠结的是选择安逸的生活与妻儿共同度过呢,还是继续走上夺取王位的艰难之路。重耳以整体性的形象出现,他不是孤胆英雄,单枪匹马去争取自己的利益,他的一切行动都遵照身边谋士的指导。而哈姆雷特自始至终都在孤身奋战,他的痛苦与挣扎无处倾诉,这或许就是不同地域所赋予的不同文化选择和不同欣赏模式下的命运程序。

(三)命运的偶然性引发人生的悲欢无常

古人认为,命运除了对人生有整体性观照之外,还表现出一定的偶然性。人生有命定的过程,个体在历史场域中所遭逢的一切际遇,引发出生命过程中的悲欢无常。

这些无常的悲欢有时表现为身居高位后的命运陡转:像曾经英明神武的赵武灵王竟然被儿子围困,饿死在宫中;曾经威震天下的楚灵王,最后竟流落荒山野岭,饿死在申亥家中;目光高远、品德高尚的信陵君因不被君王信任,最后只能耽于妇人,病酒而死。有时表现为偶然机遇下的命运反转:窦太后年少时被吕太后赏赐给诸侯王,本欲往赵地,却阴差阳错随了代王,最后竟成为汉家皇后,并找到了尚在微贱之中的弟弟,后半生贵不可言;卫子夫得遇武帝,从歌女一跃而为皇后;李延年因善于歌舞而得宠……世态种种,不一而足,相同的是,命运的偶然性带来无常的悲欢离合,流淌在历史的长河中。

(四)命运昭示人类的必然处境

站在旁观者的角度,我们对历史人物的命运有着天然的兴趣,乐意看到命运线索的实现。这根源于人类处境的不自由,人类无法掌控生死来去,因而一方面希望明确自己人生未来的发展和归宿,一方面又害怕知道不幸的降临。能够解决这一矛盾的,就是对他者命运的关注:对他者命运的预知使得观者超越个体局限性的渴望得以满足;同时,又因为他者与自我关系疏离,观者可以将自己退避到一个有安全感的位置进行观照。《史记》把数千年的人物命运浓缩于文字的空间,使旁观者得以从宏观的角度对他人的命运进行整体性观察,而脱离了具有功利色彩的现实世界后,历史世界的整体性命运与人物个体的命运交织在一起,构成了宏阔的时空视野。《史记》中的人物,其命运已经无可更易,但传主在《史记》的固有世界中对此并不明确,所以命运在这里呈现了双向的作用:一方面如同面对生活中的常态一样,《史记》昭示了传主可能的遭遇;另一方面则表现了命运对个人的影响和其威力,使得观者能够由此感受到命运在人类不自由处境下的力量感和神秘感,以及历史人物对抗命运的精神力。观者在其中扮演着类似于上帝的角色——什么都知道,却什么都改变不了,只能在情感上进行评价和取舍。

二、人的命运的表现

司马迁相信天命,在《史记》中表现了天命与个人命运的对应,呈现出个人命运的轨迹。对于生活中的普通人而言,命运是一种无常的存在,我们很难通过自然界或者社会生活中的蛛丝马迹预先知晓命运的方向,更谈不上对自己或者他人的命运进行审美鉴赏。而《史记》中的人物命运呈现出整体性的流向,《史记》本身如同天命,展示着这一个时空中人物的命运。个体的命运组合成了《史记》的整体命运模式,其结构如同编织物,以时间经线编入历史人物的命运。《史记》纵贯时间长达三千年,却未采用编年体的编写方式,而是通过个人的纵向命运轨迹呈现个人在历史中的行动和形象,个人的纵向命运轨迹也会和同时代的人物发生命运的交汇与碰撞。因此《史记》提供的场景既有历史的纵深感,也有时代的广阔感,时间上的纵横跨越使得人物有了历史和现实的维度,提供给审美者思考和想象的余地。人物的命运既有不同时代的对比,也有命运流程的反转,使得其历史形象具有了审美的戏剧感和戏剧张力形成的感染力。

作为一名史学家,司马迁同时又是一个感情充沛的人,他对历史中的人物抱有深深的理解和同情。在《太史公自序》中,他描写了父亲司马谈的遗憾和嘱托:"今天子接千岁之统,封泰山,而余不得从行,是命也夫,命也夫!余死,汝必为太史;为太史,无忘吾所欲论著矣。"对于不能参与王朝大事,司马谈深感遗憾,认为这是自己的命运,而未竟的事业他希望儿子能够继续完成。司马迁深信天命可知,天人可感。他记载董仲舒"以春秋灾异之变推阴阳所以错行,故求雨闭诸阳,纵诸阴,其止雨反是。行之一国,未尝不得所欲"①。董仲舒根据天地变化,可以提前预知人间灾异。所以在司马迁的笔下,历史人物的命运是早已注定了的,他们的身上,有浓重的天命统摄下的命运感。

命运首先是归因于个人命数的规律性内容。在《史记》中,此种含义的命运形态有两种表现:一种是命中注定的生命历程,即不可改变的宿命。"秦始皇之时,十五年彗星四见,久者八十日,长或竟天。其后秦遂以兵灭六王,并中国,外攘四夷,死人如乱麻,因以张楚并起,三十年之间兵相骀藉,不可胜数。自蚩尤以来,未尝若斯也。"②命运以特有的轨迹昭示了人间历史的进程,而此种进程是没有办法改变的。唯一能够对此施加影响的还是个人的所作所为,这与宿命看似矛盾的解释指向《史记》中命运形态的第二种表现:个体行为对命运的走向负有因果联系。当然这种个体行为以宿命角度解释或许也是早已注定的,这就涉及命运的第二种表现形态——个人行为对自身命运的影响,即报应。"日变修德,月变省刑,星变结和。凡天变,过度乃占。国君强大,有德者昌;弱小,饰诈者亡。太上修德,其次修政,其次修救,其次修禳,正下无之。夫常星之变希见,而三光之占亟用。日月晕适,云风,此天之客气,其发见亦有大运。然其与政事俯仰,最近(天)人之

① 司马迁:《史记·儒林列传第六十一》,中华书局1959年版,第3128页。

② 司马迁:《史记·天官书第五》,中华书局1959年版,第1348页。

符。"①天之异象,尚有以人间行为予以补救的方案,个体的行为也有改变和影响命运流程的可能,天命如是,人命亦不外乎此。

(一)《史记》中的命运直解

宿命在《史记》中多以预言的形式呈现,对人物的命运予以提前揭晓。《赵世家》中,赵简子有所梦:

> 居二日半,简子寤。语大夫曰:"我之帝所甚乐,与百神游于钧天,广乐九奏万舞,不类三代之乐,其声动人心。有一熊欲来援我,帝命我射之,中熊,熊死。又有一罴来,我又射之,中罴,罴死。帝甚喜,赐我二笥,皆有副。吾见儿在帝侧,帝属我一翟犬,曰:'及而子之壮也,以赐之。'帝告我:'晋国且世衰,七世而亡,嬴姓将大败周人于范魁之西,而亦不能有也。今余思虞舜之勋,适余将以其胄女孟姚配而七世之孙。'"②

梦中天帝将赵简子子孙的命运一一告知,并预言了秦国在七国之争后的胜出,赵简子后来甚至找到了在梦中出现的人,恰给人庄周梦蝶、是耶非耶之感。

汉初名将周亚夫的命运也曾事先为人所料定。

> 条侯亚夫自未侯为河内守时,许负相之,曰:"君后三岁而侯。侯八岁为将相,持国秉,贵重矣,于人臣无两。其后九岁而君饿死。"亚夫笑曰:"臣之兄已代父侯矣,有如卒,子当代,亚夫何说侯乎?然既已贵如负言,又何说饿死?指示我。"许负指其口曰:"有

---

① 司马迁:《史记·天官书第五》,中华书局1959年版,第1351页。

② 司马迁:《史记·赵世家第十三》,中华书局1959年版,第1787页。

从理入口,此饿死法也。”①

封侯和饿死,可谓人生命运的两个极端,周亚夫的人生历程恰证明了预言的确切无疑。

汉文帝宠幸的邓通亦类此。文帝使人为邓通相命,言其命当饿死,文帝相当自信地认为自己可以令邓通富甲天下,他绝不可能饿死。但就是这样的富贵也挡不住命运的步伐,邓通后来果然还是饿死了。其他又如刘邦身有王气,为人所知,乃天生王者;项羽为重瞳子,天生异相,亦有不一般的命运。《史记》以神异的方式记叙宿命的存在及其准确性,表明了人生命运的注定性。

报应之例可以以两位著名将军的事迹为代表。一位是秦将白起。长平之战,白起坑杀赵军四十万人,天下震惊,而他的命运也因此改变,后被贬为普通士兵,最终被赐死。“曰:‘我何罪于天而至此哉?’良久,曰:‘我固当死。长平之战,赵卒降者数十万人,我诈而尽坑之,是足以死。’遂自杀。”②另一位是飞将军李广。他是对匈奴作战的名将,但是却始终未能封侯。“广尝与望气王朔燕语,曰:‘自汉击匈奴而广未尝不在其中,而诸部校尉以下,才能不及中人,然以击胡军功取侯者数十人,而广不为后人,然无尺寸之功以得封邑者,何也? 岂吾相不当侯邪? 且固命也?’朔曰:‘将军自念,岂尝有所恨乎?’广曰:‘吾尝为陇西守,羌尝反,吾诱而降,降者八百余人,吾诈而同日杀之。至今大恨独此耳。’朔曰:‘祸莫大于杀已降,此乃将军所以不得侯者也。’”③因为杀俘不祥,李广终生未能封侯,连汉武帝都认为他“数奇”,指示卫青在战争中不得重用他,令李广最后含恨而死。此外,同为外戚的魏其

① 司马迁:《史记·绛侯周勃世家第二十七》,中华书局 1959 年版,第 2073—2074 页。

② 司马迁:《史记·白起王翦列传第十三》,中华书局 1959 年版,第 2337 页。

③ 司马迁:《史记·李将军列传第四十九》,中华书局 1959 年版,第 2873—2874 页。

侯、武安侯争胜,在朝堂上以武安侯胜利告终,但从命运的角度看,武安侯却为自己的行为付出了代价:“其春,武安侯病,专呼服谢罪。使巫视鬼者视之,见魏其、灌夫共守,欲杀之。竟死。”①

对报应和宿命可以进行对照解读,宿命指向人生的注定感,报应体现个体生命过程中生命轨迹的完整性。个体在生命历程中所做之事会对其人生走向产生影响,而这和宿命一样,都是改变不了的,一旦有了前因,也就有了后果。这其中的命定因素是否真的如此并不重要,值得思考的是为什么在创作《史记》时,司马迁会把这些未必可以当作史实的命运之说如此郑重地写入人物的传记中。这一方面是因为司马迁相信命运之说,另一方面其实也传达了司马迁对人生悲凉的感叹,对人生的不可更易和对命运沉重的感慨。

(二)《史记》中个体的命运形态:人生悲欢自有时

去除天命对应个体命运的命定成分和神异倾向,《史记》中的个体命运呈现出个人无法把握和预知的状态,这种状态是以人生的变幻浮沉和个体无法确知或更易的生死来表现的。这也从另一个方面确认了命运中的命定成分——因为无法掌握和知晓,所以命运呈现出自在自为的状态,即人生悲欢自有时,不以个人意愿为转移。这方面以个体的生死状态和人生浮沉表现得最为充分。

司马迁在《太史公自序》中称写作《史记》的过程是“网罗天下放失旧闻,王迹所兴,原始察终,见盛观衰”,这也就是对历史过程、人生经历的关注和把握。就全书的整体性而言,《史记》打通了时间和朝代的间隔,对历史做了全面的叙述和展望;就历史人物个体而言,《史记》对其一生的起伏沉落进行记录,而历史人物一生中最引人注目的关节点就是其生死和兴衰沉浮。个体命运的反转在《史记》中呈现得非常醒目,于作者而言是“好奇”使然,于

① 司马迁:《史记·魏其武安侯列传第四十七》,中华书局1959年版,第2854页。

文本呈现而言则展现了故事中的戏剧张力。

《史记》中的死亡类型主要有以下几种:一是自杀。自杀即主动选择死亡,但是主动选择死亡并不意味着对个体生死的自主把握,这同样是在命运推动下无可奈何的被迫选择。《史记》中著名的自杀者项羽和李广都是因无法忍受命运的安排,不愿意屈服于命运而选择自杀。这种不忍受、不屈服也意味着面对命运暴虐的不得已和不自主。伯夷、叔齐为信念而死,而信念是否破灭本就不是他们自己可以控制的。《刺客列传》中的刺客们大多也是在"士为知己者死"的信念下走向死地,其对死亡的选择就是身为刺客的命运。

二是被杀。被杀理所当然地体现了个体命运的不自主性,被杀而死的人多为触犯律法之人,也有在战争和意外中身死的。晁错身着朝服被处死,让人感到身为皇帝近臣的不可测的命运;陈胜被手下人杀死是易代之际人物命运交替与覆盖的结果;被饿死的赵武灵王何尝能够预知命运的残酷和暴虐;商君死于车裂,受害于自己制定的严刑峻法,让人感叹命运的无常与无情;高祖诸多功臣之死也是君王无情、命运弄人的明证。

三是寿终正寝。这样的结局,其命运的转折感不如前两种强烈,但是在《史记》中,寿终正寝之人的生死却影响很大,牵涉甚广。始皇之死开启了二世的统治,直接导致秦朝的灭亡;刘邦之死给了吕后机会;吕后之死使得刘姓子弟兴复天下;张良、萧何、陈平等人死后,子弟星散,国除家灭……

人生浮沉则以前后境遇对比的形式表现出来,通常的模式是先沉后浮,或先浮后沉。前后对比常带出观者人生命运无常的感慨。最具代表性的例子是李斯。李斯早年穷困,后受知于秦王嬴政,渐居高位,甚至到了可以决定秦朝未来发展走向的地步,最后却被腰斩而死。那一声"吾欲与若复牵黄犬俱出上蔡东门逐狡兔,岂可得乎!"①的叹息,将个体面对命运时的无奈与无助表现得异常强烈。类似的还有邓通从富可敌国到最终饿死,陈胜从为人佣耕到建立张楚,苏秦从不为家人所认到身佩六国相印,窦太后幼弟从不

① 司马迁:《史记·李斯列传第二十七》,中华书局1959年版,第2562页。

名一文到位列外戚、贵不可言,再如齐桓公身为一代霸主,死后却无人为其收尸……在历史的篇章中,各色人等沉沉浮浮,随着命运之轮的转动,在历史前行的步伐中或沉沦或富贵,不一而足。功臣为君王打下天下,又被疑而死;英雄成就功业之后,又沉溺而亡。历史给予人的命运感在《史记》中得到了个体性和细节化的展现。

因为充满戏剧性的生死和浮沉,《史记》中的人物命运呈现出无常的状态。生死与沉浮都是命运无常的表现,无常指人生的不稳定状态,没有永远,没有持续,人生唯一能够把握的就是不断的变化。人的生死没有定数,人的起落沉浮也没有定数。这种无常的状态也就是命运的状态,个体在命运里起起落落,无从把握人生,只能感受到眼前的一切都是可能变化的。以《史记》单章列传的人物记叙来看,每一位历史人物几乎都会涉及其一生沉浮或生死兴衰。本纪中言及王朝兴衰,帝王的生死自是不在话下,同时司马迁还以朝代及帝王行迹作为经线,织入同期历史人物的命运起伏。世家亦类此,王族子弟自不必言,如《吴太伯世家》《鲁周公世家》等均展示了诸侯国的兴亡始末。其余如《陈涉世家》言及陈涉一生成败,亦交织着同时代人的命运轨迹。列传以传主为主要描述对象,有的篇章对不宜列入本纪与世家的人物进行专门的事迹整理和书写,有的篇章不记录人生细节,专门记录传主的生平命运沉浮起落,如《伯夷列传》《老子韩非列传》等。《史记》的传记以极大的篇幅描述了传主的人生以及人生的无常状态,这种无常状态就是历史人物在具体的历史场景中的生死与沉浮。

(三)《史记》中的典型性命运

典型性命运指《史记》中可以以类别划分的人物命运,其命运主体在《史记》中属于常见类型人物或影响极大的人物。他们的一生行止受到《史记》时代大背景的影响,与之交相辉映,勾画了历史中绚烂的一笔。

1. 大人物的典型性命运

大人物是历史的推动者和缔造者,是时代中的有为者。他们或者烜赫一时，或者叱咤风云，但是最终都逃不过命运的巨轮。这一类人物最易引起观者的同情与悲悯，使之产生命运无常的悲凉感。这些人物的生平起伏、前后对比令人感到人生无常，年命难久。

君王霸主可以以齐桓公、赵武灵王、夫差、陈涉、项羽为例。当齐桓公还是公子小白的时候，他的为君之路并不是那么一帆风顺。在入主王宫的路上，他几乎被管仲射死，作为一代霸主的齐桓公没有忙着报这一箭之仇，反而重用管仲，以信义交结诸侯，终在葵丘会盟中成为春秋时期第一位霸主，“九合诸侯，一匡天下”，但晚年的他不听管仲劝阻，信用奸佞，纵容诸子，结果他死后国中发生诸子争立为储君的内乱：“及桓公卒，遂相攻，以故宫中空，莫敢棺。桓公尸在床上六十七日，尸虫出于户。”①与齐桓公遭遇类似的是赵武灵王。赵武灵王顶住来自亲贵大臣的巨大压力，推行胡服骑射，为赵国的强盛打下坚实的基础。赵武灵王为人果敢勇毅，为了勘测地形、窥视敌主，甚至易服深入秦宫。但他在继承人的选择问题上犹豫不决，终致内乱，公子成“乃遂围主父。令宫中人‘后出者夷’，宫中人悉出。主父欲出不得，又不得食，探爵鷇而食之，三月余而饿死沙丘宫”②。吴王夫差雄图大略，志向高远，大败越王勾践，报了父亲的一箭之仇，一度称雄东南。但功成之后，他骄傲自大，听不进伍子胥的忠言，反而信用奸臣，最后战败自杀，临死前谢绝了勾践愿意留其活命的建议，不愿臣事越国，并叹息道：“吾无面以见子胥也！”③陈涉在适戍渔阳的路途中因雨失期当斩，于是举起了抗击暴秦的第一支义旗，天下应和，陈涉登上了人生的巅峰，称王号“张楚”，却又在六个月后被自己的驭者所杀。项羽是与刘邦争夺天下的失败者，他不是一个完美的人，但是毫无疑问，他是当时甚至代代中国人心目中的英雄。项羽骁勇善战，力敌万夫，即便是在穷途末路、面临绝境之时也未丧失内心的骄傲和自信，在敌军中几进几出，如入无人之境；他不愿苟活，勇于面对自己最终的命

① 司马迁：《史记·齐太公世家第二》，中华书局1959年版，第1494页。

② 司马迁：《史记·赵世家第十三》，中华书局1959年版，第1815页。

③ 司马迁：《史记·越王勾践世家第十一》，中华书局1959年版，第1746页。

运,不愿死于敌手,把自己的死作为礼物恩赐给故人,遂自刎而死。这些人,或者说以这些人为代表的君王霸主们,都是能力不凡之人,他们曾经是命运的宠儿,也与命运进行过抗争,然而人生的际遇使他们终于悲剧性的结局。

大臣、将军可以以伍子胥、商鞅、蒙恬、李斯、韩信、周亚夫、晁错、李广、窦婴等为例。伍子胥是一个具有悲剧色彩的人物,他一生都在与命运抗争:前半生为父报仇,鞭尸楚王;后半生严正不阿,忠言逆君耳,最终自尽而死。商鞅辅佐秦孝公变法,使秦国空前强盛,但他触犯了国内权贵的利益,秦孝公死后,商鞅惨遭车裂,并被灭族。蒙恬在秦始皇的统一大业中有功,又修筑长城,抵御匈奴,深受秦始皇信任,但秦始皇死后,他却因皇位之争被囚,后被迫自杀。李斯以一介布衣见用于嬴政,辅佐秦王一统六国,但由于顾及一己之利,支持了赵高拥立秦二世的决定,最后被腰斩而死。临死前,他喟然长叹:"吾欲与若复牵黄犬俱出上蔡东门逐狡兔,岂可得乎!"韩信是在楚汉之争中帮助刘邦最终胜出的最大功臣,他是杰出的将才,但不是优秀的政治家,学不来张良的通透和陈平的圆滑,也做不到如萧何般知进退,最后以谋反罪名被斩。周亚夫军纪严明,是平定七国之乱的功臣,却因为人耿直而得罪景帝,最终被下狱,五日不食,呕血而死。晁错为了王朝的利益力行削藩,嗣后七国乱起,他反而成为替罪羊,身着朝衣被杀于东市。李广善于带兵,骁勇善战,能百步穿杨,被匈奴人尊称为"飞将军",但他一生"数奇",终生未能封侯,最终反愤而自尽。窦婴有大功于汉,又是外戚,却在窦太后死后渐被闲置。为了营救使酒骂座的灌夫,他不遗余力,结果反而搭上自己的性命。以上大臣、将军无一例外,都是积极进取的有才之人,皆有功劳于人主,为自己的命运付出过努力,但是最终还是走向了毁灭性结局。

女性人物可以以卫子夫为代表。卫子夫的一生具有很强的戏剧性,她出身寒微,成年后做了平阳公主家的歌女,得遇汉武帝后一下子成为王朝最尊贵的女人,其弟卫青也从公主府的马夫一跃成为大将军,一门皆贵。"天下歌之曰:‘生男无喜,生女无怒,独不见卫子夫霸天下!’”[①]及色衰爱弛,太子被废,卫子夫也自杀身亡。可以说她历经了人生的悲欢离合和命运的起起落落。

《史记》记载的大人物中,还有一类是殉道者的形象,即那些执着坚持道义和理想的人物。殉道者的称号最早用于宗教场景,表达信徒对信仰的忠诚与执着。在非宗教环境中,殉道者为了信念和理想,在人类的精神领域,能够忽视肉体的痛苦,不计生死。《史记》中,这样的人物是知识阶层的“士人”,以孔子和屈原为代表。

孔子一生都致力于实现自己的理想,他辗转各国,期望有所为,能够拯救礼崩乐坏的世道,但种种努力却以失败告终,于是他退而传播学说,教育弟子。“西狩获麟,曰‘吾道穷矣’。”[②]他一生努力,却又自觉毫无结果,只余一句感叹“吾道穷矣”,可以想见孔子当时心境的悲凉。而孔子被称为“至圣”,不仅仅是因为他追求高尚纯粹的理想,更是因为在政治理想失败之后,他依然以自己的思想教化弟子,进而影响中国人的整体思想。屈原是高洁的知识分子的代表,他深深地眷恋故国,一心期望国家强大,但现实以无比强大的力量击碎了屈原的期望。他被奸臣构陷,被国君疏远,政治理念不能施行。在巨大的失望面前,他仍然不愿放弃心中的理想,最后投江自尽。《史记》中大人物的典型命运是在历经努力成就功业之后,又走向命运中的悲剧性结局,由此形成悲壮的人物观感。他们在历史背景和天命的统摄下接受属于自己的命运。这样的人生际遇和人物设定,很容易使读者将对命运的慨叹引向人生原来如此的空幻性结论。

2. 小人物的典型性命运

在人类最早的悲剧中是没有小人物的位置的,但《史记》不仅书写了小人物,且使之具有非凡的活力和道德崇高感。在史书中出现的小人物,其实

---

① 司马迁:《史记·外戚世家第十九》,中华书局1959年版,第1983页。

② 司马迁:《史记·儒林列传第六十一》,中华书局1959年版,第3115页。

也就是历史中的普通人。非权非贵,却可以在史书中占有一席之地,除了表明此人在适当的时候出现在了历史的关头,同时也说明其必有过人的能力。在这些小人物身上体现着悲剧的崇高感,《史记》描写出了他们高贵的品质和不惜牺牲一切也要完成目标的精神。

《赵世家》中,赵朔一族遭到屠岸贾陷害,满门被诛,赵朔的门客程婴和公孙杵臼为了保全赵氏孤儿共同定计:公孙杵臼用别人的孩子冒充赵氏孤儿,由程婴去告发。公孙杵臼遇害后,程婴辛苦带大赵氏孤儿,并在其报仇雪恨后,也自杀而死。"昔下宫之难,皆能死。我非不能死,我思立赵氏之后。今赵武既立,为成人,复故位,我将下报赵宣孟与公孙杵臼。"①在这里,赴死成为一件值得骄傲的事情,是程婴一定要去完成的。豫让为智伯复仇,不惜"漆身为厉,吞炭为哑","残身苦形",却还是不能杀死赵襄子,他只能请求以剑击刺赵襄子的衣服,然后伏剑自杀。荆轲为报燕太子与故友的知遇之恩,赴身秦廷,刺杀秦王。"轲被八创。轲自知事不就,倚柱而笑,箕踞以骂"②,最终被杀。郭解尚侠重义,处处替人排忧解难,天下闻名,却被加上"大逆无道"的罪名灭族。这样的小人物在《史记》中还有很多,如帮助平原君抵抗强秦而壮烈牺牲的李同,不惜以死报答信陵君的侯嬴,为报知遇之恩刺杀侠累成功、自毁面目而后自杀的聂政,等等。他们重义轻生,不畏强权,不贪富贵,义之所至,生死不辞。这些把名誉和道德品格看得比生命更重的人物形成了中国重侠好义的审美传统。

还有一类人物结局比较悲惨。这些人不是《史记》主要叙述的人物,他们在《史记》中并不作为专门的传主而存在,也不具备典型的悲剧性人物身上的悲剧氛围,然而他们在历史中生存,结局不幸,亦带有悲剧色彩。比如被骊姬谗言所害的太子申生、被赵高矫诏杀害的公子扶苏、被吕后所害制成人彘的戚夫人。这些人虽然不是《史记》中最为醒目的人物,但是却帮助营

---

① 司马迁:《史记·赵世家第十三》,中华书局1959年版,第1785页。
② 司马迁:《史记·刺客列传第二十六》,中华书局1959年版,第2535页。

造了《史记》中命运的整体氛围。

3. 反面人物的典型性命运

《史记》中还有一些反面人物。其中彻头彻尾的反面人物并不是很多，司马迁在描写中重视实录，英雄好人也不是完美无缺的，身上也有很多缺点，而反面人物身上也有可取之处。作为反面人物，其悲惨的结局可以视为咎由自取，但从个体本身出发，他们的身上亦带有悲剧色彩。比如当时的酷吏周阳由、义纵等人，为人酷暴，最后都落得弃市的下场；田蚡依仗外戚之势杀害窦婴和灌夫，自己最后也未得好死；吴王刘濞策动七国之乱，兵败自杀；邓通谄媚主上，吮痈取宠，最终还是贫饿而死。

以上几种类型人物的悲剧性经历使《史记》充满了命运感。这种命运感不关乎个体的道德情操、人生功业或成败得失，而关乎个体在命运中的整体展现和切身体验。每个人所面临的终点都不是个体所能左右的，想要的往往得不到，力求避免的却不期而至，个体所能选择的无非是生与死，这便是《史记》人物的命运。在这个意义上，命运的典型性表现为在天命引导下人生的命定与不可捉摸。《史记》对天命的无常与个人命运的不自由进行了集中展现，由读者所见的命运的必然与偶然都不是个体所能左右或主宰的。

三、浑茫无涯的命运感

《史记》强烈的命运感有一部分来自《史记》的史书性质，史书本来就是如实记录已经发生过的事件以及人物的文本类型，当历史事件和人物以完整的面貌展现出来，其所给予读者的就是一种类似的命运感，这种历史性的命运感一般也可以称为沉重的历史感。历史上的真实事件和人物不给人任何选择和思考的余地，就以已然如此的状态毫不留情地展示了历史的残酷和命运的不可逆转。从这个角度来看，历史类著作往往是能给人某种命运感的作品，而历史的命运感充满了时间的延展性和无限感。

《史记》的写作年代正是谶纬学说开始盛行的时代，因此在《史记》的文本中出现了多处属于超自然现象的天命对人生的启示与安排,这在一定程度上强化了《史记》的命运感。同时司马迁对个体的命运和时代的命运给予了生动的描写,使个体的命运与时代的命运交织在一起。个体的命运不受个人行为控制,这种不受控制感也直接决定了人物的最终结局——生存或者灭亡。在天命掌控之下的历史中的人,以自己的选择和行为展现个人的风采和骄傲,也书写下时代的篇章,形成各自群体的典型性命运,形成宏大的时代场景,呈现出群体性的历史命运。

第三节 “通古今之变”的雄奇跌宕

“通古今之变”也是司马迁写作《史记》的目的。“以自然宇宙与社会人文为伟大空间的对时间的审美,是建立在宏大胸襟与对民族历史的理性思考的基础上的。”①从宇宙空间到历史时间,《史记》记录的历史纵贯上下三千年,其叙事虽有详略之别,却展现了广阔的社会人生、纵横上下的人物群像,凸显了众多的审美人格,将人在历史中的生存状态和历史的变动不居展现了出来。

一、恢宏的历史氛围

《史记》是一部纪传体史书,叙述了从黄帝到汉武帝时的历史,在这个时间段中,仅《五帝本纪》《夏本纪》《殷本纪》是对从黄帝到夏、商这一段历史的完整叙述,其他篇幅都是记述从周(尤其是东周)到汉初的历史。十二本纪中,先秦四篇,秦两篇,汉六篇:五帝合为一纪,《周本纪》记事详于夏、殷二纪,《秦本纪》又详于《周本纪》;秦有《秦本纪》和《秦始皇本纪》,汉则一帝一

① 王振复:《中国美学史新著》,北京大学出版社2009年版,第128页。

纪，朝代越近则记事越详。三十世家中，汉代勋贵占十二篇。七十列传中，汉代人事有四十篇，处于显著地位。司马迁曾经遍访各地，找寻历史的踪迹，而他用更多篇幅记录的春秋到汉初，恰是一段非常动荡的历史时期，也是中国各流派思想形成的时期。应和这一时期的时代要求，活动于其间的个体渴望建功立业，成就自己的功绩。

（一）历史背景

1. 战争

战争是这一时期的大背景。上古时期是传说中的时代，同样有战争存在，《五帝本纪》记有黄帝与蚩尤、炎帝的战争，尧时代有流共工、放讙兜的记载，舜也曾经讨伐四凶。其后《夏本纪》《殷本纪》《周本纪》中均有关于战争杀伐的记录，或以朝代更迭，或以臣下作乱，或以犬戎进袭。《秦本纪》《秦始皇本纪》《吴太伯世家》《齐太公世家》《管蔡世家》《赵世家》《魏世家》《韩世家》等所记都脱离不了一个时代背景，即春秋战国时期周天子式微，各诸侯国相互兼并作战。大国兼并小国，春秋时期诸侯争相为霸，有春秋五霸，到了战国时期，大国只有战国七雄，东周也只能成为一个诸侯国，统一趋势日渐明朗。《史记》中很多传主的生平都以此为背景，如《孔子世家》《管晏列传》《商君列传》《白起王翦列传》《平原君虞卿列传》《春申君列传》《刺客列传》等等。

秦统一六国后不久，天下皆反，战乱又起，形成楚汉相争的格局，《项羽本纪》《高祖本纪》《陈涉世家》《萧相国世家》《留侯世家》《魏豹彭越列传》《淮阴侯列传》《田儋列传》《季布栾布列传》等篇以此为背景。

汉兴之后，战争不再是整个时代的大背景，此时汉王朝面临的是王朝内部的权力争斗，如七国之乱等。

2. 暴政

时代的第二重背景是暴政，历史上每一次朝代的变革几乎都伴随着暴政和反对暴政的斗争。

夏商周三代的朝代更迭,多以前朝暴政被推翻而告终。“帝桀之时,自孔甲以来而诸侯多畔夏,桀不务德而武伤百姓,百姓弗堪。”①殷纣有过之而无不及,“好酒淫乐,嬖于妇人。爱妲己,妲己之言是从。于是使师涓作新淫声,北里之舞,靡靡之乐。厚赋税以实鹿台之钱,而盈巨桥之粟。益收狗马奇物,充仞宫室。益广沙丘苑台,多取野兽蜚鸟置其中。慢于鬼神。大冣乐戏于沙丘,以酒为池,县肉为林,使男女裸相逐其间,为长夜之饮”②。周幽王烽火戏诸侯,致镐京被攻陷,西周结束,东周被迫迁都。

秦统一六国之后,秦始皇“刚毅戾深,事皆决于法,刻削毋仁恩和义,然后合五德之数。于是急法,久者不赦”③。秦二世更是性喜杀戮,甚至杀尽弟兄,兼之徭役征伐不断,终造成天下俱反的局面。

3. 苛法

秦国自商鞅变法以来,实行严刑苛法:“令民为什伍,而相牧司连坐。不告奸者腰斩,告奸者与斩敌首同赏,匿奸者与降敌同罚。民有二男以上不分异者,倍其赋。有军功者,各以率受上爵;为私斗者,各以轻重被刑大小。”④其结果是商鞅自己也深受其害,“商君亡至关下,欲舍客舍。客人不知其是商君也,曰:‘商君之法,舍人无验者坐之。’”⑤汉朝至汉文帝时仍然沿袭了前代的肉刑,缇萦救父一节中,言汉文帝为缇萦所感动,废除了一部分肉刑,由此也可知肉刑在当时依然是存在的。

汉武帝朝,法律仍然苛酷。王温舒“捕郡中豪猾,郡中豪猾相连坐千余家。上书请,大者至族,小者乃死,家尽没入偿臧。奏行不过二三日,得可事。论报,至流血十余里。河内皆怪其奏,以为神速。尽十二月,郡中毋声,毋敢夜行,野无犬吠之盗。其颇不得,失之旁郡国,黎来,会春,温舒顿足叹

① 司马迁:《史记·夏本纪第二》,中华书局1959年版,第88页。

② 司马迁:《史记·殷本纪第三》,中华书局1959年版,第105页。

③ 司马迁:《史记·秦始皇本纪第六》,中华书局1959年版,第238页。

④ 司马迁:《史记·商君列传第八》,中华书局1959年版,第2230页。

⑤ 司马迁:《史记·商君列传第八》,中华书局1959年版,第2236页。

曰:‘嗟乎,令冬月益展一月,足吾事矣!’其好杀伐行威不爱人如此。天子闻之,以为能,迁为中尉。”①以酷吏为能吏,可见当时法之苛酷。“自温舒等以恶为治,而郡守、都尉、诸侯二千石欲为治者,其治大抵尽放温舒,而吏民益轻犯法,盗贼滋起。……于是作‘沈命法’,曰群盗起不发觉,发觉而捕弗满品者,二千石以下至小吏主者皆死。其后小吏畏诛,虽有盗不敢发,恐不能得,坐课累府,府亦使其不言。故盗贼浸多,上下相为匿,以文辞避法焉。”②彼时严刑峻法之酷,连小吏也不敢明言盗贼。也是在这样的背景下,司马迁才会因言获罪。以战争、暴政、苛法为历史背景,也预示了此后必然爆发激烈的冲突与对抗。

4. **世态炎凉**

世态指我们生活空间的常态,世态是一种中性的存在,不针对任何人,但是所有人都在它的影响范围之内。在《史记》中,人们依循着一定的行为规范处世,人与人之间的价值判断遵循功利化原则,以世俗意义上的成功失败作为标准,它影响生活的各个层面。世态炎凉是个体的人生体验,在司马迁看来,对炎凉之世态应有比较大的戒心,以小心慎戒之态规范自己的行为,才能避免在世态中受到伤害。

世态于不动声色处对人产生影响,以他人的反应和行为让人感受世态之威。《史记》中如苏秦、范睢、主父偃等在自身身份地位发生变化后,皆能从他者的反应中感受到世态炎凉。为了防止世态对自己造成伤害,他们要么忍让退守,自觉边缘化,要么努力奋进,成为世人簇拥的对象。而努力过后的失败者面对的就是悲剧性的人生,炎凉的世态也助长着时代的悲剧氛围。

(二)历史中的大事件

在《史记》的主要叙事点上,有三个大事件:一是春秋战国时围绕权力争

① 司马迁:《史记·酷吏列传第六十二》,中华书局1959年版,第3148页。

② 司马迁:《史记·酷吏列传第六十二》,中华书局1959年版,第3151页。

夺进行的诸侯各国兼并活动;二是楚汉相争时的群雄逐鹿;三是大汉建立后稳固天下、开疆卫国的君臣活动。在这三个大事件中,各色人等顺着时代的步伐,将自己的命运托付其中,实现人生的功业追求。不管是帝王、将军还是士人,凡在这个历史场域中活动并留下姓名者,大多具有一往无前的进取心,有抱负,亦能实现抱负。

1. 秦统一六国

以六国征战为中心的事件描述应该从东周时期开始。春秋战国时期的历史基本上就是各国之间的博弈和征战史,小国不停地被兼并。从西周开国时分封诸侯到战国时期七雄并峙,其间征战不断,杀伐惨烈,但是这个时期也是思想文化极度活跃的时期,拥有智识和才能的人都在尽力施展自己的才华,希望有所成就。所以在此基础上,出现了以下不同阶层和类别的人物:一是以游说取成的知识阶层,以著名的说客为代表,如苏秦、张仪等;二是凭征伐立功的将军,如乐毅、吴起、白起等;三是夺取天下的君王,如春秋五霸、秦始皇等。

2. 楚汉逐鹿中原

秦始皇死后,二世胡亥即位,继续以暴政治理国家,对外用兵,对内残暴,终致"秦失其鹿,天下共逐之"①。而最终的胜利者,又将在战争中决出。这段时期可以用三个人物来串联,即陈涉、项羽和刘邦。他们连通了从反抗秦政到建立汉朝的一个过程:陈涉率先举起反旗——天下皆叛,六国之人纷纷响应——项羽成为众义军霸主,效仿周王发号施令——刘邦反守为攻,打败项羽,夺取天下。杰出之士围绕在他们周围,共同为推翻秦政、显功扬名而努力。其过程分为两个阶段:一是陈涉首难,群雄蜂起,陈涉功业未成而被杀。二是楚汉相争,刘邦取得胜利,结束了纷乱的局面,建立大汉帝国。

3. 汉稳固江山

刘邦立国之后,分封功臣与刘姓子弟为王,威加四海之后,就要考虑江

---

① 司马迁:《史记·淮阴侯列传第三十二》,中华书局1959年版,第2629页。

山永固问题。王朝北面匈奴的威胁一直很大，刘邦就曾经被匈奴围于白登，赖陈平计，方得脱险，后来以宗室女和亲换得暂时的安宁。刘邦死后，汉王朝朝着大一统的方向继续前进。其间亦有诸多纷争与事件：一方面是王朝争斗，包括吕后与刘姓诸王的权力之争、“七国之乱”针对中央政权的战争等；另一方面是靖边拓土——这是为了应对汉帝国周边少数民族的侵扰，也是出于汉帝国自身扩张的需要。

二、历史的命运与悲剧

从审美角度看，《史记》是一部带有悲剧性的作品，个人的悲剧在历史的背景下呈现出雄阔的特征，这也是时代的大背景使然。《史记》所描写的历史具有强烈的对抗性，很少有和谐平乐的章节，给人印象最为深刻的文字也几乎都是对抗性的，人物的遭遇大多有种种不如意处，让人感受到的，或者是荣华过后的一片凄凉，如齐桓公、赵武灵王、李斯、项羽等人，或者是终生所求求而不得的悲凉，如孔子、屈原、李广等人。失败者沉沦苦海，成功者亦心事满怀。在时代的背景下，每个人都遭遇着自己的困境，司马迁亦不能幸免，这使得他在《史记》的写作中对历史的悲剧性看得更为清晰。历史悲剧性的根源是人类的悲剧性，表现为人的必死，所有事物的必然毁灭。从历史发展的整体规律来看，胜利和获得是暂时的，死亡和破败却是永久的，但《史记》将历史人物在奋争中的不甘、不服、不平展现出来，也将历史人物的努力与进取展现了出来。

（一）历史的命运与个人的悲剧

命运与悲剧的关系需要从两个方面着眼。一方面，在单个事件中，命运的最终走向并不一定是悲剧性的，命运带有一种神秘感，令人觉得难以捉摸和认识。古人企图从天人感应的角度获取命运走向的密码，在这个过程中，对命运的感知伴随着各种仪式性的礼仪，意味着人对天不能失了恭敬，其内层含义是个体在命运面前总有种不能自主的渺小感。另一方面,根据历史的总体趋势,悲剧是不可避免的。在《史记》描述的历史大事件中,历史本身总是不动声色地以趋向悲剧的面目出现,夏商周的朝代更迭是历史的趋势,没有永恒,没有完美。由秦国完成的统一大业伴随着各国的悲剧性瓦解,其中的个体在历史的潮流中虽挣扎却无果。哪怕是作为胜利者的秦国君臣,也被抛到历史的洪流中完成了不可抗拒的命运流程,秦始皇、白起、扶苏、李斯、秦二世、赵高等无不如此。后起的楚汉之争同样如此,失败的项羽当然体现了命运的悲剧性,胜利的刘邦、吕后和功臣们亦在历史的前进过程中付出了各自的代价。

作为记录者的司马迁在旁观历史的运程时,常常有一些深沉的感叹。在司马迁的笔下:秦始皇听到关于自己人生结局的预言时,会有片刻的沉默;汉高祖在夺得天下之后会作《大风歌》,还会与自己的宠妃相拥而泣;吕太后在没有确定得到大臣的支持时,连为自己的儿子尽情哭泣都不敢;还有李斯在身当腰斩时,发出了悔不当初的感喟。历史的命运在此时和个人的悲剧交织在一起,单独的个体或者孤立的事件或许未表现出悲剧性,但从历史发展的整体性来看,悲剧就是命运的本质。

在悲剧性的时代背景中,司马迁对世道的不公有深深的感喟。他在《伯夷列传》中追问:

> 或曰:"天道无亲,常与善人。"若伯夷、叔齐,可谓善人者非邪?积仁洁行如此而饿死!且七十子之徒,仲尼独荐颜渊为好学。然回也屡空,糟糠不厌,而卒蚤夭。天之报施善人,其何如哉?盗跖日杀不辜,肝人之肉,暴戾恣睢,聚党数千人横行天下,竟以寿终。是遵何德哉?此其尤大彰明较著者也。若至近世,操行不轨,专犯忌讳,而终身逸乐,富厚累世不绝。或择地而蹈之,时然后出言,行不由径,非公正不发愤,而遇祸灾者,不可胜数也。余甚惑焉,傥所

谓天道,是邪非邪?①

贤人不能得到应有的善报,恶人反而得善终——司马迁是相信命运的,却又深深感受到了命运的不公,在这个意义上,他书写了人生的悲剧。他笔下的人生是带有宿命论色彩的,个体在其中的挣扎显得无力,甚至没有效果,但是只有努力,才能显示人的尊严。

司马迁信命,但不认命。他自己也实践着这一理念,深受命运的打击,仍然执着坚守自己的理想。司马迁本人在触怒武帝,左右亲近都不为之讲话的世态中,自愿选择受宫刑,求生而成大业。所以他笔下尽有命运不济的历史人物,但他们那悲壮的人生也最为动人,他们面对悲剧性的时代,面对澎湃而来的厄运,绝不屈服,永不言败,以自己的生命力表明不屈的意志。霸王项羽面对一败涂地的现实,心情固然是悲凉的,与虞姬相对也不禁英雄气短,泣下数行。但真正上了战场,他仍然英姿焕发,不改英雄本色。李广被问责时,不乞怜,不诿过,不推脱,以死抗争。孔子周游列国,悲叹"吾道穷矣",但他仍然退而教学和著述,要以自己的理念和学说教育弟子。屈原行吟江畔,忧叹故国,心感离殇,但仍然坚持理想绝不苟且。公子无忌明知回国会面对诸多困境,仍然回到魏国,抵御强秦。伍子胥一生刚直,到死都不隐瞒自己的观念和认知。

在《史记》中,有一种悲剧类型表现为对悲剧本身的超越,即对悲剧做总体性把握之后,规避悲惨结局,这也是典型的中国式悲剧形态。之所以仍然称其为悲剧,是因为在对悲剧性结局的规避中,主人公已经自觉选择偏离人生的轨迹,以淡漠之心求取人生的平安。这是以刻意改变本心的方式,或者说以选择方式的不自由而追求生命的自由,由积极地追求自由走向消极地得到自由。典型的例子当数范蠡和张良。他们都是在悲剧性的时代中,选择了全身而退。范蠡和张良是智谋之士,对人对己对事有透彻的认识,这体

① 司马迁:《史记·伯夷列传第一》,中华书局1959年版,第2124—2125页。

现了中国式的智慧:能够看透以及放下。中国谋士擅于以智慧抗衡强权,即所谓以柔克刚。他们明白自己没有与强横的时代相抗衡的力量,希望以个体的退让来保持对命运的整体掌控,但这掌控是被动与忍让的,在很大层面上还要取决于时代的包容和忍耐度,因此以这种方式超越悲剧仍然带有悲剧性色彩。

司马迁对这样的人物是敬佩的,这种敬佩并不代表感情上的认同,而是对其功绩和智力的崇仰。司马迁评价张良:"余以为其人计魁梧奇伟,至见其图,状貌如妇人好女。盖孔子曰:'以貌取人,失之子羽。'留侯亦云。"①对张良腹有谋略、胸有城府的谋士品格表示赞慕。评价范蠡:"范蠡三迁皆有荣名,名垂后世。臣主若此,欲毋显得乎!"②对范蠡善于经营、名垂后世亦表示赞叹。不过在《史记》中,以这种方式超越悲剧的只是少数人,更多的人对悲剧的超越表现在精神层面,他们或者不屈服、不认命,或者以积极有为的态度面对命运的不公。这与司马迁本人面对悲剧的态度是一致的。

司马迁儒家倾向的审美观决定了他所欣赏、赞叹的是历史中的奋发有为者,这些人与悲剧性的时代相对抗,形成《史记》充满悲剧性的审美世界。儒家追求"乐而不淫,哀而不伤"的审美观,司马迁所崇尚并描写的历史人物没有哀伤的情绪,他们在面对绝境时会以自己的方式坚持理念和追求,哪怕付出生命的代价。我们在欣赏这样的人物时会激愤、向往、尊敬,但绝不会怜悯、哀叹。

(二)超越命运的壮阔

悲剧是来自西方美学的概念,本来是特指一种戏剧形式,悲剧的形成往往是因为对抗性力量之间搏斗并产生不可调节的冲突最后引致毁灭性的结局。悲剧性的适用范畴更为广阔,可以应用到社会生活的各个方面,只要在

---

① 司马迁:《史记·留侯世家第二十五》,中华书局1959年版,第2049页。

② 司马迁:《史记·越王勾践世家第十一》,中华书局1959年版,第1756页。

事件过程或者结局中涉及悲剧，有引人落泪的效果，都可以以此称之。从这个角度来看，生活中其实充满了悲剧性，人的生老病死本来就不由个体控制，社会生活中更是处处有门槛，时时有限制，从对抗的角度出发，可以说悲剧无处不在。《史记》作为叙事文本，抛去历史的外衣，所讲述的也是人的故事，所以不管从史实记录的角度，还是作者情绪选择的角度看，《史记》都具有鲜明的悲剧性。

> 《史记》全书共一百三十篇，其中写人物的作品共一百一十二篇，在这当中有五十七篇是以悲剧人物的姓字标题的，此外还有近二十篇虽然不是用悲剧人物的姓字标题，但其中写到了悲剧人物。同时我们还要看到，在这近八十来篇中还有许多篇是几个悲剧人物的合传，如《孙子吴起列传》、《屈原贾生列传》、《刺客列传》等。还有许多篇虽然是以一个悲剧人物的姓字命名，但是实际上作品中还有其他次要的悲剧人物。如《伍子胥列传》中的白公胜和石乞，《魏公子列传》中的侯嬴，《李将军列传》中的李敢、李蔡等。粗略计算一下，《史记》全书写的悲剧人物大大小小有一百二十多个。①

《史记》的悲剧性通过一个个人物的悲剧命运展现出来，但这些具有悲剧性的人物，他们面对厄运的态度不是哭天抢地，无情报复，而是泰然自若地接受悲剧的命运，表达精神上的不屈。项羽说："天之亡我，我何渡为！"李广说："岂非天哉！且广年六十余矣，终不能复对刀笔之吏。"屈原保持精神高洁而自沉汨罗江。孔子退而著述，教育子弟。他们用行动表明：人不能选择命运的流程，至少可以选择自己的人生态度。他们的悲剧不是像亚里士多德所言，"借引起怜悯与恐惧来使这种情感得到陶冶"，读者对于《史记》中

① 韩兆琦：《史记讲座》，广西师范大学出版社2008年版，第161—162页。

的人物没有怜悯和恐惧的感觉,更多的是对他们行为的敬重和尊崇。

在《史记》中,人生是不自由的,天命也好,历史也好,所传达的是一成不变的人的悲剧命运。作为个体,人可以改变和操控的只有自己的态度和选择。《刺客列传》中有一系列这样的人物,他们在行动前就已抱了必死的决心,为了报答托付者的知遇赏识之恩,不惜付出自己的生命。在这些人看来,生命并不是最重要的,道义比生命更为重要,在面对应该做的事情的时候,生命是可以舍去的,而"义"却是第一位的。"义"成为与人相处、立身处世的行为准则,其中既涵盖面对赏识自己的人要竭诚报答的价值观,也涵盖坚持信念绝不动摇,一力实践道义的决心和行动力。千方百计刺杀赵襄子的豫让,为了给智伯报仇,无所不用其极,对自己的身体各种虐待,只求接近赵襄子。赵襄子欣赏豫让的忠诚果敢,希望豫让能为自己效力,对豫让始终忠于一个死去的人感到不理解。豫让说:"臣事范、中行氏,范、中行氏皆众人遇我,我故众人报之。至于智伯,国士遇我,我故国士报之。"对于智伯,豫让的态度始终是"士为知己者死,女为说己者容。今智伯知我,我必为报仇而死,以报智伯,则吾魂魄不愧矣"。[①] 这是刺客们忘我舍身的原因所在,报答知己,要让自己配得上所获得的恩遇,也让自我的价值获得实现。聂政以生命报答严仲子,其姐以生命为兄弟扬名,"晋、楚、齐、卫闻之,皆曰:'非独政能也,乃其姊亦烈女也。乡使政诚知其姊无濡忍之志,不重暴骸之难,必绝险千里以列其名,姊弟俱僇于韩市者,亦未必敢以身许严仲子也。严仲子亦可谓知人能得士矣!'"[②]司马迁借他人之口评价聂政姐弟的义行,彰显其人格意义。

荆轲的赴死之路走得更为漫长,有一段先期的准备时间。太子丹通过隐士田光结识荆轲,并将荆轲奉为上卿,其间田光为了表明心志,不惜自杀,完全视自己的生命为鸿毛,本身也彰显了对生命的态度。与此类似的还有

① 司马迁:《史记·刺客列传第二十六》,中华书局1959年版,第2519—2521页。

② 司马迁:《史记·刺客列传第二十六》,中华书局1959年版,第2526页。

《魏公子列传》中的侯嬴，他以死相送公子，把生命视为一件礼物。以现代生命至上的观念来看，这样的做法似乎不可理解，而《史记》中的义士们就是以个人生死来对抗时间和命运的人。田光死后，荆轲为了刺杀秦王，又做了很多准备工作：说服樊於期以头颅取信于秦王；预备了最锋利的、见血封喉的徐夫人匕首；请了秦舞阳做助手。但是他没有等到另一位助手的出现，因为太子丹的催促，只得在没有完全准备好的情况下仓促上路。当荆轲出发之时，太子丹身边知道这件事情的人都明白荆轲此去必死无疑，全部穿着白色的衣冠到易水边为他送行。荆轲的好友高渐离在易水边击筑而歌："风萧萧兮易水寒，壮士一去兮不复还！""士皆瞋目，发尽上指冠。于是荆轲就车而去，终已不顾。"易水送别的场景一直横卧在中国人的审美想象中：以白色象征死亡的凄艳，以人物的态度、行为展现精神的高扬和骄傲，观者从中感受到了生命的壮烈、决绝与美丽，感受到了人的气魄、勇气所能达到的高度。

《赵世家》中，程婴和公孙杵臼一个为救孤背负骂名而苟活，一个为救孤壮烈而死。在赵武长大为家族复仇之后，程婴毫不犹豫地选择了死亡。"程婴乃辞诸大夫，谓赵武曰：'昔下宫之难，皆能死。我非不能死，我思立赵氏之后。今赵武既立，为成人，复故位，我将下报赵宣孟与公孙杵臼。'赵武啼泣顿首固请，曰：'武愿苦筋骨以报子至死，而子忍去我死乎！'程婴曰：'不可。彼以我为能成事，故先我死；今我不报，是以我事为不成。'遂自杀。"程婴在救孤成功之后自杀，其内心的信念何等坚定！他是在以死来宣示救孤行为的正义性，为当年故意出卖公孙杵臼做一个交代，也对死去的故主做一个交代。

屈原是中国历史上著名的爱国知识分子形象，他虽有报国之志，却壮志难酬。昏君奸臣当道，在残酷的现实面前，屈原不愿意低头："吾闻之，新沐者必弹冠，新浴者必振衣，人又谁能以身之察察，受物之汶汶者乎！宁赴常流而葬乎江鱼腹中耳，又安能以皓皓之白而蒙世俗之温蠖乎！"①最终他怀石

① 司马迁：《史记·屈原贾生列传第二十四》，中华书局1959年版，第2486页。

自投汨罗江而死。屈原所展现的是保持自身高洁灵魂的决心,宁死也不随波逐流。

《史记》从史实出发,书写历史上已然发生的事,个中人物在历史的进程中完成了自己的命运流程。《史记》记录了在历史中留下痕迹的人物,他们或是帝王诸侯,或是大臣将军,其中还有一些女性形象,她们虽多以家眷身份出现,但也是历史的亲历者,就算是没有职位的小人物,也参与了历史的进程。在这个时间线上,个人的命运随时代的命运起伏,其命运的终点往往是悲剧性的。就算是雄霸天下的帝王,也难逃人生的遗憾和不圆满,更何况生命难以长存的悲哀永远存在,这是人生的悲剧。但是,《史记》中的历史人物,如上一节提到的英雄、士人及义士等,他们以"义"作为自己立身的准则,在个人的精神层面超越生死,超越了命运的悲剧。

司马迁自己为了写作《史记》,完成先人的嘱托,同样不惜忍辱含垢,所以他对具有悲剧性的人物投入了更多情感,对其超越生死的行为予以热烈赞美。在他的叙述中,整部《史记》带有悲剧色彩,但因为儒家思想倾向中积极有为一面的影响,司马迁也对精神的不屈给予了赞赏。

三、跌宕起伏的人生历程

《史记》所体现的命运感除了源自它本身具有的历史属性外,也来自于作者所传递的对命运的态度,以及《史记》的文学性和艺术性。司马迁在对人的生命历程进行描述时,代入了自身的情感和态度,他本人的经历和思想倾向,也使《史记》的叙述呈现为切实的情感性描述。在人物成长过程中的关键节点和转折处,司马迁通过笔墨予以描写和评断,表现个体对命运的选择,对生命的态度。作者对人物最终的结局有着异乎寻常的描写兴趣,尤其是对悲剧性人物,是以《史记》留下了一系列悲剧的人物形象,而悲剧性的场景则将历史的命运感推到了顶点。

同时《史记》在肯定命运的不由自主之外,提出了另一种可能:以自己的人生态度和选择超越命运。这种超越当然无法脱离历史的大框架,但是在人生的进程中,个人超越生死、超越命运的自主选择展现了人的精神在历史中的壮丽色彩,历史的波澜起伏连接着人的命运浮沉,其精神力量的参与,使得《史记》中的人生历程呈现壮阔之感。《史记》以纵横连贯的气魄展现了历史时空中人的命运感,以历史中具有强烈冲突感的人生历程表现了人的命运超越,展现了雄浑的美感。

第四节　情感表达的明确健朗

情感表达可以在文字的架构之间推动叙事的铺展,这是读者能够直接感受和认识到的。作者的叙事中总会存在个体判断和情感选择,这是其主观意识在写作过程中的自然流露。某些特殊体裁的文字会限制作者的情感流露,比如写实类文字或者说明解释性文字,但要完全屏蔽情感却是不可能的,每一类文字在由人类进行书写并且由人类进行阅读的时候,都会或多或少伴随着某种情感的投入。

叙事类文字更是难以避免这种倾向。通过文本的情感走向,读者得以感知作品明确的审美特质,或热烈,或悲壮,或浓郁,或平淡,或明朗,或婉约。这其中既有作品中人物的情感,也有作者本身在叙事中投入的情感,更有读者随着事件起落沉浮的情感。这几种情感夹杂在一起,共同构成作品的审美情感,而其中最能展现审美特质的就是引起读者共鸣的情感,这样的情感已经脱离了个体的独立感受,成为作品所能呈现的共同性情感。其共同性体现在对于作品情感的普遍性认定和接受,以及对于作品呈现的各种情感的共鸣上。

一、《史记》传达的情感

《史记》是一部史书,就史书的文体要求而言,最突出的一条是"实录",

而司马迁在“发愤著书”的行文过程中,除了遵照史书本身的审美要求之外,还为他笔下的《史记》增加了更多的文学性和审美性。司马迁本人在《史记》中的很多人物身上投射了自己深深的情感,尤其是在一些让自己有认同感的人物身上。司马迁赋予了人物情感,使得《史记》成为一部有温度的著作,读者的审美情感可以在其中找到对应点。

鲁迅在《汉文学史纲要》中对司马迁和《史记》提出了一个著名的论断:“恨为弄臣,寄心楮墨,感身世之戮辱,传畸人于千秋,虽背《春秋》之义,固不失为史家之绝唱,无韵之《离骚》矣。惟不拘于史法,不囿于字句,发于情,肆于心而为文。”①说《史记》“背《春秋》之义”,是指《史记》于传统史书的作用有所背离,春秋以来的史书旨在对历史人物进行历史地位和历史作用的定义,即呈现所谓“春秋大义”。而司马迁在行文中加入了文学性和情感性,在史实中代入了自己的判断和情感倾向。《史记》的情感性来自于作者因本身的遭遇产生的悲愤之情和对历史人物情感经历的共鸣。作为一个情绪敏感的人,司马迁对于时代和人事的变幻有很敏锐的感受。从司马迁的成长经历来看,他称得上是读万卷书,行万里路,遭逢李陵之祸后,文化积累及切身经历使他对人生世态有了更深切的体验和感受,这些体悟和情感也累积到了他视为毕生事业的《史记》写作中。与虚构性艺术作品不同,历史性叙事文本以场景真实为前提,《史记》即以情感的真实和代入增强了作品的审美性,读者可以感知作品中人物的美感并与之产生情感应和。《史记》的情感性是《史记》具有的非常重要的审美特质,《史记》中的感情表达是明确的,具有刚健明朗的特质。

(一)爱憎分明的情感判断

《史记》的情感性首先是通过对人物的褒贬来体现的,司马迁的褒贬爱

---

① 鲁迅:《汉文学史纲要·史记》,见张大可、丁德科主编:《史记论著集成》(第15卷),商务印书馆2015年版,第118页。

恨是明确的。他所爱者是行为符合人伦节义、富于个性的人物。司马迁赞赏虞舜，舜对待家人严谨有礼，而在公事上，“舜乃至于文祖，谋于四岳，辟四门，明通四方耳目，命十二牧论帝德，行厚德，远佞人，则蛮夷率服”①，可以说舜符合司马迁心目中的圣君形象。司马迁赞赏汉文帝，因其行仁政，倡节俭，与民休息，废肉刑，开言路，以德治国，“汉兴，至孝文四十有余载，德至盛也”②。司马迁尊崇孔子，认为孔子周游列国宣扬自己的学说，是“至圣”，对孔子有无限向往之情。司马迁推崇屈原的品格精神，佩服他宁死也要保持品格完美的意志。司马迁推重古代的循吏，对正直无私的汲黯表示尊敬，从淮南王的角度评价他“好直谏，守节死义，难惑以非。至如说丞相弘，如发蒙振落耳”③，以此赞扬汲黯的品格。司马迁喜爱项羽、李广等人，他们都是有弱点的英雄，但是他们以特立独行的精神品质在天地间昂然屹立。司马迁还喜欢有勇气、重承诺、尚义气的刺客游侠们，热爱蔑视权贵、助人于危难的高贵的小人物，如侯嬴、李同、朱亥等。司马迁的褒贬不以个人在历史中的作用和地位为依据，而是根据个人的品格做出的判断。

他所恨者是违反人伦节义、从个人功利角度行事的人物。如《酷吏列传》中用法苛酷、对百姓狠毒的酷吏们，《佞幸列传》中谄媚君王以取宠的佞臣们。《魏其武安侯列传》写了田蚡因自身身份地位的变化，对窦婴前恭后倨的态度，认为田蚡之死是遭报应的结果。《吕太后本纪》写了吕后对戚夫人的残害连自己的亲生儿子都不能认同，由此留下心理阴影。孝惠帝死后，吕太后怕危及自己的地位，哭而不哀……作者以对人物明确的褒贬评判来表达自己的情感，使读者从中感受到人物形象的德行美感，感受到人物鲜明的性格美感，获得了多层次的审美体验。

① 司马迁：《史记·五帝本纪第一》，中华书局1959年版，第38页。

② 司马迁：《史记·孝文本纪第十》，中华书局1959年版，第437页。

③ 司马迁：《史记·汲郑列传第六十》，中华书局1959年版，第3109页。

(二)郁愤不平的情绪流露

司马迁所热爱的人物的人生经历与他本身的遭际形成一种同构,因此他在对此类人物平生经历进行描述时,往往有郁愤不平的情绪流露。这种郁愤不平的情绪在具体的历史环境中表现为慷慨悲凉之感,这是史书性作品所传达的特有情感。史书是对历史的全面把握,作者以宏观视角对人生、对时空进行整体性观照,个体性的体验往往显得微弱细小,以这样的大视角观照历史时空中的已然事件、固有人物形象,易使人产生时光易逝、生命脆弱的悲凉感。历史是无法逆转的,历史人物铸就历史的面貌,在这个过程中,成功与失败交相辉映,个人的豪迈壮举成就了历史的慷慨之气。

在《史记》中,西楚霸王项羽就算在战败之时,还是奋勇杀敌,慷慨激昂,至死也不承认自己的失败;燕人白衣冠易水边送荆轲,高渐离击筑高歌,"士皆瞋目,发尽上指冠",荆轲则上车而去,绝不回顾,其慷慨之音至今犹在;魏公子窃符存赵,朱亥锤杀晋鄙,侯嬴自杀以送,慷慨之情如在目前;田横与五百壮士自杀殉主,慷慨之气,千古名扬;鲁仲连功成不受赏,亦慷慨之士。

孔子周游列国,所倡导的学说始终找不到施展的空间,见"获麟"感叹"吾道穷矣",真有种刻骨的悲凉之感;李广见责于失道,承担下所有罪名,自刭而死,以死亡表示对命运的不屈,英雄末路,亦悲凉无限;刘邦衣锦还乡,作《大风歌》,左右莫不泣下,功成之后,帝王又何尝不感到孤独。

慷慨悲凉之情在《史记》中体现得非常充分。慷慨悲凉是个人在面对纵横的时空时所产生的情绪,通过这样的情感传达,《史记》中的人物不再是沉湎于细微的私人化情感中的人物,他们横亘在历史的时空中,悲歌慷慨之气充塞于天地之间,给后来的读者留下深刻的印象,让人们感受到人生和时代的悲剧氛围,获得无限的审美享受。

(三)自然情感与道德情感的结合

司马迁所赞许的情感也是符合道德判断的情感。司马迁在《史记》中的议论与判断也与这样的情感相应和,构成《史记》文本的审美判断,也可以说正是道德情感与自然情感的结合,才构成了《史记》中牵动人心的审美情感。

所谓道德情感,是指在情感当中包含的道德判断。自然情感是个体自身所具有的喜怒哀乐之情,是个体面对事物时自然产生的感情。情感的产生会受到若干因素的影响,纯粹的自然情感是不存在的。司马迁在《史记》中的情感判断并没有很明显的道德宣讲的痕迹,但是在对历史事实进行描述时自然会流露出道德情感。

这种道德情感首先表现为在叙事过程中对于国家概念的认同。在司马迁构筑的话语体系中,忠于国家的品质是非常值得赞赏的。信陵君留赵十年不归,秦围魏甚急,魏王向公子求救,公子怨恨魏王,不愿施以援手,此时公子手下门客劝说道:“公子所以重于赵,名闻诸侯者,徒以有魏也。今秦攻魏,魏急而公子不恤,使秦破大梁而夷先王之宗庙,公子当何面目立天下乎?”①这段话使公子意识到国家之于个人的重要性,最终他冒着危险回归故国。项羽反抗暴秦也是为了兴复故国,所谓“楚虽三户,亡秦必楚”。虽然在《项羽本纪》中,项羽的个人英雄气概十分张扬,但这英雄气概的背后自有其立身的准则和道德出发点。项羽在战争中攻城略地,杀人如麻,但对朋友、对亲人、对子弟、对国家,其所作所为符合忠义的标准。李广亦然。他是大汉的将军,一生竭力保卫汉家天下,这其中自然有对成就功名、加官封侯的期许,但也体现了个人利益与国家大义的结合。

其次是对非功利行为的赞赏,虽然司马迁在《货殖列传》中提到“天下熙熙,皆为利来;天下壤壤,皆为利往”②,并不否定个体对物欲的追求,但是在情感上,司马迁更赞赏为“义”牺牲自己的行为。《刺客列传》中,他借豫让之口道出“义”之所在,比生命更为重要:“臣事范、中行氏,范、中行氏皆众人遇我,我故众人报之。至于智伯,国士遇我,我故国士报之。”“臣闻明主不掩人

① 司马迁:《史记·魏公子列传第十七》,中华书局1959年版,第2383页。

② 司马迁:《史记·货殖列传第六十九》,中华书局1959年版,第3256页。

之美,而忠臣有死名之义。前君已宽赦臣,天下莫不称君之贤。今日之事,臣固伏诛,然愿请君之衣而击之,焉以致报仇之意,则虽死不恨。非所敢望也,敢布腹心!”①这些带有道德情感意义的行为,也体现了个人的个体情感与要求,而正是个体情感和要求与道德情感的结合,使个体的行为有了正当性与合法性,也就使人物形象更为光辉和具有个人品行上的美感。这种美感与道德上的善是契合的,司马迁本人对于这样的人、事的情感倾向也由此显得更为合理。

二、《史记》中情感的显现方式

司马迁以特定的方式表现《史记》的情感性,使其情感可以展现于外,从而感动后来的读者。《史记》情感的审美性表现为情感表达所带来的审美感受。

(一)叙事中带情感

作为一部史书,《史记》主要通过叙事的方式推动事件发展,作者丰沛的情感也会在叙事中自然流露。

如前文所举吕太后残害戚夫人事,原文如下:

> 太后遂断戚夫人手足,去眼,辉耳,饮喑药,使居厕中,命曰“人彘”。居数日,乃召孝惠帝观人彘。孝惠见,问,乃知其戚夫人,乃大哭,因病,岁余不能起。使人请太后曰:“此非人所为。臣为太后子,终不能治天下。”孝惠以此日饮为淫乐,不听政,故有病也。②

---

① 司马迁:《史记·刺客列传第二十六》,中华书局1959年版,第2521页。

② 司马迁:《史记·吕太后本纪第九》,中华书局1959年版,第397页。

全文徐徐道来,无一言明确道褒贬,但戚夫人情状之惨烈,令人发指。这份狠毒连吕太后的亲生儿子也不能忍受,文章以孝惠帝的反应表现了作者厌恶的情感。

《项羽本纪》从项羽少时学习事娓娓道来。见秦始皇车驾,他对叔父项梁说:"彼可取而代也。"及长,"长八尺余,力能扛鼎,才气过人,虽吴中子弟皆已惮籍矣",寥寥几语中已见英雄本色。到后来举兵起事,项羽更是率军破釜沉舟,大败秦军,诸侯兵马无不拜服。又在鸿门宴放走刘邦,最后十面埋伏,霸王别姬。但就是在这样的时刻,项羽仍不改英雄本色:"项王大呼驰下,汉军皆披靡,遂斩汉一将。是时,赤泉侯为骑将,追项王,项王瞋目而叱之,赤泉侯人马俱惊,辟易数里。与其骑会为三处。汉军不知项王所在,乃分军为三,复围之。项王乃驰,复斩汉一都尉,杀数十百人。"①此处通过描写汉军对项王忌惮害怕之情,以及项羽在汉军的包围中来去自如、斩杀汉将的英姿,展现了项羽的英雄豪气。项羽的英雄情怀由此树立,从中亦能见出作者对项羽的英雄气概也是赞赏的。

《伍子胥列传》中,吴王赐死伍子胥,"乃使使赐伍子胥属镂之剑,曰:'子以此死。'伍子胥仰天叹曰:'嗟乎! 谗臣嚭为乱矣,王乃反诛我。我令若父霸。自若未立时,诸公子争立,我以死争之于先王,几不得立。若既得立,欲分吴国予我,我顾不敢望也。然今若听谀臣言以杀长者。'乃告其舍人曰:'必树吾墓上以梓,令可以为器;而抉吾眼县吴东门之上,以观越寇之入灭吴也。'乃自刭死。吴王闻之大怒,乃取子胥尸盛以鸱夷革,浮之江中。吴人怜之,为立祠于江上,因命曰胥山"②。吴国君臣二人均为刚暴之人,伍子胥"仰天长叹",叹的是临死前的愤懑与无奈,吴王"大怒",怒的是伍子胥的夸功自叹,而以"吴人怜之"作结,使人感受到作者对伍子胥寄寓的同情。

其他如《魏其武安侯列传》述灌夫强使田蚡赴窦婴宴,各人特性如在目

① 司马迁:《史记·项羽本纪第七》,中华书局1959年版,第334—335页。

② 司马迁:《史记·伍子胥列传第六》,中华书局1959年版,第2180页。

前,从中亦可隐见作者对田蚡自傲自大的不满。东朝廷辩场面盛大,但各人语气心态丝毫不乱,作者的态度及情感倾向亦在其中。《屈原贾生列传》的行文中有对屈原之遭遇的不平之鸣。《廉颇蔺相如列传》表达了作者对二人先国家利益后私人情怀的赞叹钦服……后人评价司马迁"寓论断于序事",而这论断亦展现了作者的情感,若说"寓情感于叙事"也是成立的。司马迁的情感既浓烈又深沉,这种叙事情感推动了事件的发展,将人物的心态、性格更明确地展示了出来,人物形象也因此显得更加清晰明确。

(二)细节中蕴情感

《史记》除了以文学性手法塑造人物之外,还以细节描写展现了人物的情感。以小见大,从细节着手表现人物的情感及作者本人的感情倾向,这是《史记》情感表述的一个很重要的方式。司马迁在创作中并没有进行抒情式叙事,而是通过细节性描述,通过记录并不关历史大局的个性化行为来表现人物,展示人物的情感,展现作者的情感。这些微小之事往往也是司马迁所偏好的奇人奇事,它们更能引发读者的情感。

如项羽身处垓下之围,十面埋伏,四面楚歌,而对此时项羽的心态,作者却以他与虞姬的互动来展现。"项王则夜起,饮帐中。有美人名虞,常幸从;骏马名骓,常骑之。于是项王乃悲歌慷慨,自为诗曰:'力拔山兮气盖世,时不利兮骓不逝。骓不逝兮可奈何,虞兮虞兮奈若何!'歌数阕,美人和之。项王泣数行下,左右皆泣,莫能仰视。"①项羽在战场上绝不服输,但却在虞姬面前流下英雄泪,这一细节更能显示他此时面临绝境的悲情。

《淮阴侯列传》中,韩信被贬为淮阴侯后,"尝过樊将军哙,哙跪拜送迎,言称臣,曰:'大王乃肯临臣!'信出门,笑曰:'生乃与哙等为伍!'"②以樊哙恭谨的态度及韩信的自嘲表现韩信此时落寞与悲凉的心境。

---

① 司马迁:《史记·项羽本纪第七》,中华书局1959年版,第333页。

② 司马迁:《史记·淮阴侯列传第三十二》,中华书局1959年版,第2628页。

《陈涉世家》开篇并不涉重大史实，却言“陈涉少时，尝与人佣耕，辍耕之垄上，怅恨久之，曰：‘苟富贵，无相忘。’庸者笑而应曰：‘若为庸耕，何富贵也？’陈涉太息曰：‘嗟乎，燕雀安知鸿鹄之志哉！’”[①]以陈涉的“怅恨”“太息”表现其少时志向，以及身当贱役时的所思所想。到后来陈涉果真富贵，却杀死了投靠而来的口无遮拦的乡下人——其地位不同，心事感情也自有异。

《留侯世家》中，记刘邦不易太子：“上目送之，召戚夫人指示四人者曰：‘我欲易之，彼四人辅之，羽翼已成，难动矣。吕后真而主矣。’戚夫人泣，上曰：‘为我楚舞，吾为若楚歌。’歌曰：‘鸿鹄高飞，一举千里。羽翮已就，横绝四海。横绝四海，当可奈何！虽有矰缴，尚安所施！’歌数阕，戚夫人嘘唏流涕，上起去，罢酒。竟不易太子者。”[②]以鸿鹄之歌展现刘邦与戚夫人心中的无奈与悲凉之情，也预示了戚夫人母子前路的惨淡。

其他如刘邦回乡唱《大风歌》、高渐离易水送别慷慨高歌等，都是以细事显大节，把如此场景下人物的情感活画而出。细节中的情感蕴含具有形式上的美感，悲哀、慷慨等情感都以极具画面感的具体场景表现了出来，使读者更易于把握。

（三）议论中见情感

在《史记》中，司马迁并不避讳表露自己的情感倾向，常在叙事中杂以议论，明确自己的感情，或点出传主的感情，引起读者的无限联想与感慨。这些有情感的议论与点评也使《史记》中的审美形象得以确立。

《屈原贾生列传》是最典型的例子。司马迁在行文中高度评价屈原和《离骚》，认为《离骚》此文包孕了《诗经》的优点与特色，能以小见大，文字极好，而写出这样文字的屈原更是志向高洁、可与日月争光之人。作者把对屈

① 司马迁：《史记·陈涉世家第十八》，中华书局1959年版，第1949页。

② 司马迁：《史记·留侯世家第二十五》，中华书局1959年版，第2047页。

原的喜爱和对不公平世事的厌憎明确地表达了出来。

《伯夷列传》亦是夹叙夹议的一篇,文中司马迁的评论性文字甚至已经多过对传主生平事迹的记述。在简要地介绍了伯夷、叔齐的事迹以后,司马迁就开始评论,在文章中充满怨愤地控诉了人世不公,贤人与恶人得不到应得的结果,这其实也是在抒发自己心中的郁闷不平之气。

司马迁的议论除了出现在正文中,亦集中出现在章节后的论赞中,即"太史公曰"中。《史记》中的论赞深切地抒发了作者的情感,如《孔子世家》论赞表达了对孔子的仰慕之情,《李将军列传》表达了对李广的同情,等等。前文对论赞有专章分析,此处不赘述。

通过情感性的描述与议论,《史记》作者的情感与历史人物的情感交相辉映,与读者的情感亦相交织。读者能够深刻地感知人物的命运转折和不可变更的命运走向,并对人物寄予深沉的同情,对命运、对人生生发更多的思考。这些情感在文本中与诗歌性质的直接抒怀不同,但通过叙事、细节和议论的表达,《史记》中的情感表达是明确的。《史记》所蕴含的情感是"舒其愤",因而使人感觉刚健有力,即或悲情,也是悲而能壮。

第五节　叙事风格的简劲传神

对于文字性作品而言,读者在阅读时首先接触到或者说感受到的是作品的外在形式,即先通过作品的文字、语言、组织结构等获取审美感受,再进一步感知审美对象区别于其他作品的特质。举凡审美风格、审美特征、审美形态等,都借助于外在形式而存在,作品的形式感是读者审美认知的起点。作品的外在形式连通了读者的审美认知,读者最直接感知到的就是作品本身的外在审美特质。审美特质依靠作品的外在整体结构得以完整呈现,作品的章节、架构可以使读者明确地感受到作品的叙事策略和事件脉络,并从作者不同的表现手法中感受不同的美感魅力。语言文字是作品结构的基础性材料,不同叙事风格的语言文字必然呈现出不同的审美特质。《史记》的叙事适应秦汉时期的美学风格,也继承了先秦散文质而不华的特点,简言之即直接简当,善于传神。这种风格首先体现在整体性的叙事视角上。

一、整体性视角再现历史事件

> 夫史之称美者,以叙事为先。至若书功过,记善恶,文而不丽,质而非野,使人味其滋旨,怀其德音,三复忘疲,百遍无斁,自非作者曰圣,其孰能与于此乎?昔圣人之述作也,上自《尧典》,下终获麟,是为属词比事之言,疏通知远之旨。……既而马迁《史记》,班固《汉书》,继圣而作,抑其次也。故世之学者,皆先曰《五经》,次云《三史》,经史之目,于此分焉。①

史书是以叙事为主的,司马迁开创了纪传体的史书编纂体例,他游历各地,在先秦断代史及各地旧闻的基础上,写出了《史记》,在叙事上为后来的史书书写树立了一个范本。

整部《史记》中,作者都从整体性视角出发进行叙写,这也是历史家全面考察历史并进行整体思考后获得的一种视角,这种视角使《史记》中的人物在文本中有一个全面的展现。当然这种全面展现并不是基于人物塑造的需要,而是对已经存在的历史人物的言行事迹的全面展现。

(一)整体性视角

对从黄帝到汉武帝以来三千年的历史进行整体架构,这在中国古代史书的书写史上是极少见的,可能只有北宋司马光的《资治通鉴》可与之媲美,而《资治通鉴》的时间跨度也没有《史记》长。正是对历史的整体性观照,使

① 刘知幾:《史通》,上海古籍出版社 2008 年版,第 119 页。

司马迁获得了一种历史性的发展变易眼光,对历史的趋势有了理性的认识,即所谓“通古今之变”。

从历史的纵深到人生的一瞬,司马迁纪传体的写作模式对人物进行了整体呈现,每一章节为人物立传,可知传主生平首尾,再对其平生重大事件予以展示,可知传主好尚、性情以及传主的思想,对人生、对事物的看法。这体现了一种历史性的眼光及视角,对个体做时间直线性的描写,能使历史人物的面貌得以全面地呈现出来。以后的中国古典小说及戏剧在描写和塑造人物时,往往也采用这样的视角,以期凸显人物存在的历史感和真实感。

(二)网状叙事结构

《史记》以纪传体体例成书,有时会使一个以时间为序列的整体事件产生割裂感。初看这似乎是《史记》叙事的缺失,但是纪传体的好处又于此呈现出来,那就是能使不同的人物以不同的立足点对事件进行多角度呈现。比如楚汉相争之事,既可见于《项羽本纪》《高祖本纪》《留侯世家》《淮阴侯列传》,也可见于其他同时代参与者的传记中。这样对同一事件以不同传主的身份进行补充说明,根据需要调整详略,最终可以呈现历史的完整面目。

对于历史大事件而言,这就形成了一个网状的叙事结构。以个体人物举例,汉高祖刘邦的事迹以《高祖本纪》所述为主,但《高祖本纪》主要记叙高祖生平大事件,很多细节性的事件和个性化的语言在《高祖本纪》中无从得见,反而在其他篇目中得以呈现。如我们在《项羽本纪》中看到鸿门宴上刘邦的表现,看到他面对项羽以父亲、妻子生命相威胁时的反应;在《淮阴侯列传》里看到刘邦在面临困境求助于韩信而韩信讨价还价时的应对,以及他对韩信谋反一事的处理。在《高祖本纪》中,刘邦是身负天命、应运而生的帝王领袖形象,而《项羽本纪》和《淮阴侯列传》的细节补充使刘邦的性格更为丰满,它们共同表现出刘邦的雄心壮志,他的个性,他应对突发事件的机敏和深沉,以及他也有很多帝王常有的猜忌性格。

网状叙事结构适应于司马迁整体性的史书著述视角,有助于全面展现时代的变迁和人物的多重性格。

二、细节描写刻画人物形象

《史记》叙事往往以细节取胜,也正是细节描写使《史记》中的人和事更为形象生动。品味《史记》全书时,读者在把握历史大脉络之余,往往也会对书中的细节描写留下深刻印象。通过细节可知人物的性情,《史记》中人物的个性在这些细节性的描述中亦得以栩栩如生地呈现。

如《李斯列传》写李斯微时见厕鼠、仓鼠之别而感叹:“人之贤不肖譬如鼠矣,在所自处耳。”在选择拥立始皇继承人时,李斯从有利于自己的立场出发,听从了赵高的建议,拥立了秦二世:“斯乃仰天而叹,垂泪太息曰:‘嗟乎! 独遭乱世,既以不能死,安托命哉!’”最后与其子被押赴刑场,又感叹:“吾欲与若复牵黄犬俱出上蔡东门逐狡兔,岂可得乎!”几次感叹把李斯生平写尽,其人处事从自身利益出发,行事果敢不足的性格亦可从中窥见一二。

后人言及高祖刘邦,有其人实为流氓无赖的评语,这与《史记》中的细节描写可互为参照。刘邦举事之前好酒色,“狎侮诸客”,到楚汉相争时,为逃命推子女下车,让项羽烹食老父分一杯羹……这些均生动地表现了刘邦的性格特色。

三、个性化话语深化人物性格

语言的个性化是《史记》另一个常为人所称道的特点。在《史记》中,司马迁为不同的人物匹配了适合各人身份地位的语言描写。

如,同样是见秦始皇车驾,项羽说:“彼可取而代也。”刘邦说:“大丈夫当如此也。”项羽豪气干云,认为可以取代秦始皇的位置;刘邦充满艳羡之意,却以大丈夫自诩,要实现人生宏愿。《魏其武安侯列传》中,窦婴、灌夫声气绝不相类,东朝廷辩,各人反应亦不相同,田蚡阴险,武帝急迫、无奈,韩长孺首鼠两端、老谋深算,王太后仗势而骄,对他们各自富于个性的话语,司马迁摹写得非常生动。《项羽本纪》的鸿门宴一节,每个人的语言亦皆生气勃勃,活灵活现。

四、情感叙事推动事件发展

《史记》情感表达的明朗刚健在前文已有论述,此处将之作为《史记》叙事的一种特色再予以简要阐释。在《史记》中,情感与叙事是互动关系,叙事中有情感,情感在叙事中得以表现。刘鹗在《老残游记》的"自叙"中说:"《离骚》为屈大夫之哭泣,《庄子》为蒙叟之哭泣,《史记》为太史公之哭泣,《草堂诗集》为杜工部之哭泣;李后主以词哭,八大山人以画哭;王实甫寄哭泣于《西厢》,曹雪芹寄哭泣于《红楼梦》。"①作者的情感脉络堪称推动叙事的一种方式和手段。

以《项羽本纪》为例,情感在叙事中静静流淌。从项羽少时事已可见其不平凡处,到举义旗,项伯败亡,宋义为卿子冠军,作者的笔触为之压抑。后项羽杀宋义,率楚军破釜沉舟,大败秦军,至此诸侯莫不归心,"莫敢仰视",项羽开始登上人生的巅峰。后楚汉相争,从鸿门宴到分封诸侯自称霸王,再到垓下之围,几个场景的描写使悲剧氛围愈发浓厚,最后项羽乌江畔自杀而亡。全篇情感连续而下,流畅而不断绝,让人在整个故事中跟随作者的情感变化而心情跌宕。《史记》中其他记人的篇章亦有这样的特点,以人物生平事迹为纲,情感褒贬一气呵成,引领读者层层深入。

韩愈在《答李翊书》中说:"气,水也,言浮物也,水大而物之浮者大小毕浮,气之与言犹是也,气盛则言之短长与声之高下者皆宜。"如果把这里的"气"理解为情感,这个说法与《史记》的情感性特色是相符的。韩愈本人的

① 刘鹗:《老残游记》,岳麓书社 2010 年版,第 1 页。

态度是“非三代两汉之书不敢观，非圣人之志不敢存”，可见其为文受过《史记》的影响。①

五、诚恳直率的语言铸就作品风格

语言风格是文字性作品最直接的审美外观，也奠定了作品的整体风貌和整体风格。如果说阅读《史记》后的审美感受是其风格雄浑，那么这样的审美感受很大程度上来源于作品诚恳直率的语言风格。

《史记》诚恳直率的语言风格可以从两个方面得到证实：一是文字的朴实简洁；二是文字的流畅顺达，一气呵成。

文字朴实简洁指不事雕琢，在人事描写中并不委曲备至，而是追求简明清晰的表达。《史记》记叙人事往往简单明了，以传记笔法做人物面目的简单勾勒，展现人物性格及行事风格。如《项羽本纪》描写项羽学文习武的经历及气概过人的言辞，寥寥数语即让人对项羽其人产生深刻印象，其后又借刘邦、韩信等人的评价使项羽的形象更为全面，这些语言往往直接而简练。其他对人事的描写也是如此，可以说《史记》是用最简单的语言来描摹恢宏的历史场景和各具性格的人物。同时，司马迁在记叙人物时喜欢夹以评论，这亦使其文字显得简洁明快。

文字流畅顺达也与《史记》的“实录”精神有关。“实录”是对历史事实的直接书写，所用多为直笔，“不掩恶，不虚美”，凭借个人的见解和情感判断对人物和事件进行描摹，一气呵成。所以《史记》的文字没有阻滞之感，行文运笔颇有气势，情感直露，用字省净，将人物与事件做整体性呈现，而这也就形成了《史记》诚恳直率的语言风格。描述传主生平时，司马迁往往直抒胸臆，直接书写，故其文绝少迂回婉转之态，人物生平也就显得起落沉浮，充满

① 韩愈：《答李翊书》，见《韩愈文》，庄适、臧励和选注，李作君校订，崇文书局2014年版，第66—67页。

命运跌宕感。

《史记》情感表达的明确健朗和叙事的简洁有力,准确传神地构成了《史记》劲健的审美风格,这样的审美风格也被后来的某些叙事性文本所吸收,可以说影响了嗣后中国叙事文本的外在表现特征。

第四章

《史记》与中国人的文化性格

《史记》既是一部开创性的史学著作,也是一部优秀的文学作品,其中某些篇章还具有"形神兼备"的艺术价值。因此,《史记》作为审美对象在中国美学的发展历程中自有其崇高地位和深远影响。《史记》顺应了美学的发展趋势,散文体对后世文章影响颇大,其本身所体现的审美思想和审美形态亦对后世文学创作产生了持续性影响。《史记》的美学影响表现为它承续了时代美感,并与后世作品体现的美感形成了延续性,展现了它在中国美学发展史上独有的地位。

第一节 《史记》所延续的审美传统

《史记》所产生的美感并非孤立存在的,它的出现体现了时代审美理想,同时《史记》所体现的美感及审美习惯也在后世的文字性作品中得以延续,并持续产生着影响。

一、审美习惯的延续性

司马迁的"审美观有其时代性,例如赞美英雄气质,歌颂追求事功,注意紧张情节,文风朴拙而不事繁华,这些大致都与汉代的其他艺术相一致”①。《史记》并不是当时的孤峰特出,它以高贵的人物品格、不惧生死的人生态度和精神高度应和了时代的整体美感特征,它所呈现的审美特色与时代的审美特色是统一的,其传达的审美观和审美思想也受到前代美学思想的浸润和影响。美学传统形成之后会有时间上的延续性,从外在形式而言,虽然“一代有一代之文学”,但是具体到同类型文本,后来者的形式总会或多或少地受到前代的影响,《史记》的叙事传统对后世的唐人小说、话本小说、明清小说皆有影响。

就精神内核而言,《史记》的影响则更为深远。审美好恶、价值取向逐渐形成之后,会固定成型,变成类型化的审美倾向。唐诗、宋词、元曲、明清小说,每一个时代盛行的文体或有不同,但在不同的文体中都可以看到相似的审美内核,如对自然的喜好、对命运的惋叹,读者所感动、所欣赏的仍然是文本中流淌的情绪和精神实质。《史记》中的审美形象展现了进取有为的人生取向,与之相对应的,是人物在命运中的沉浮与选择,这在后世的叙事性文本中逐渐成为某些人物塑造的定式,成为读者审美心理乐于接受的人生模式。

二、《史记》体现的审美形态

《史记》的美学影响既通过审美形象得以表现,也通过审美感受予以传达,本书主要从两个方面予以论述:一是文本所传达的内涵意义,二是文本所表现出来的形式感。

《史记》的内涵意义即立足于史书的本质性特点,对历史、对人生、对命运做具体的勾勒,从而传达出天人交汇的命运感。“天”指上天所示,即命运中的注定部分;“人”指个人的努力与选择,表现为个体的态度和行动。司马

① 韩兆琦:《司马迁的审美观》,载《北京师范大学学报(哲学社会科学版)》1982 年第 2 期,第 14 页。

迁通过人物的兴衰浮沉痛陈命运的不可捉摸，展现起伏跌宕的历史人生，表现生命的悲剧性本质。这样的叙述和描写表现了历史人生的空幻感。项羽在垓下兵败时放歌曰："力拔山兮气盖世，时不利兮骓不逝。骓不逝兮可奈何，虞兮虞兮奈若何！"刘邦在故乡自为歌诗曰："大风起兮云飞扬，威加海内兮归故乡，安得猛士兮守四方！"在当时的场景中，这两首歌自然是个人的抒怀之作，但联系二人的平生事迹、毕生功业，它们所传达的已不再是个体化的愁绪和哀伤，而是人生尽头的孤独感，让人想到历史的无情、人世的虚幻。

《史记》中命运的悲剧性色彩使文本所展现的生死观尤为触目，同时《史记》人物的生死观也令他们的人生超越了个人的悲剧，具有了雄浑悲壮的美感。《史记》全书中的人物传记共一百一十二篇，以被杀、自杀的人物为标题的有三十七篇，作品中主要人物被杀、自杀，或带有其他悲剧色彩的近七十篇。在《史记》中，被杀与自杀的人物都因各自的理由走向了死地，面对不同的情势，他们有不同的选择，而这些选择恰恰彰显了他们的生死观和价值观。同时，司马迁本人对这些人物亦有褒贬评价、审美好恶和情感取向，这些又构成了《史记》文本的褒贬、好恶与情感。《史记》所传达的生死观也影响了后世的文学创作主旨，以及读者对生死的审美判断。

《史记》的叙事方式、修辞手法直接影响了中国古典小说的写作，这一点研究者阐释颇详，在此不赘述。本书对于《史记》的关注重点在于作者的叙事角度和情感灌注。从叙事角度论，《史记》遵从了史书写作的视角习惯，以历史的整体性视角对历史事件和人物予以观照，《史记》中的事件和人物也就显得完整全面。这种叙事角度也因为《史记》本身纪传体形式的完善和叙事的生动，为后来的叙事性文字立下了范本。

另一方面，由于司马迁对于个体人格有自己"义"的评判准则，他在《史记》人物的褒贬上寄予了道德情感，这在中国文化的审美习惯中也是通例。比之于西方悲剧强调主人公行为的合理性——符合人性即具有合理性，中国故事的主角在道德层面必须是能够立住脚的。所以中国故事中不会有俄狄浦斯王这样的主角存在，犯过错误的主角也一定要幡然悔悟，有所作为，比如唐传奇《李娃传》中的男主角。作品的审美判断要以道德的合理性作为前提,唐以后的小说、戏剧于此的倾向性更为明显。

第二节　人生体悟的美感传达

文本的内涵意义开启了对美的体悟以及对美感的整体呈现,昭示着模式化的审美共同点及美感内涵的表达。

一、空幻感:对历史人生的审美感悟

古人在面对人生的时候往往会得出人生空幻的结论,这样的哲学感悟除了有哲学思想的引导,亦有现实历史人生的启发。中国历史的朝代循环、治乱相继很容易令人产生历史的空幻感。《史记》并不是一部宣扬人生空幻的作品,但是在它所构筑的历史舞台上,历史人物和事件经过整体性的审美观照之后呈现出一种命运感,读者会由此产生历史的兴亡感,从而支持人生空幻的结论。人生空幻不是对人生属性的消极注解,而是面对历史人生产生的苍茫无奈之感,或者说是兴盛之后归于寂灭的凄清寥落之感。

(一)历史兴亡感引发的空幻感

《史记》的通史写作为读者提供了一个观照历史兴衰气象的全面视野。从黄帝开始,历经夏商周、春秋战国到汉武帝,“其兴也悖焉”,“其亡也忽焉”①,历史的兴亡律发挥着作用。正因为王朝更迭频繁,中国文化中一直存在着历史的兴亡感,这种兴亡感除了和时代的更替相联系,同时也与个体的命运感相结合。盛世王朝可以从兴盛走向灭亡,就像人类本身在成长过程

① 左丘明:《左传》,蒋冀骋点校,岳麓书社2006年版,第29页。

中必然从盛年走向死亡，这是每一个个体必然要面对的结局。从这个角度出发，兴亡感会引发读者浓重的人生空幻感。佛教传入中国后，宗教的空幻解释与古人从历史中习得的空幻感天然契合，也让文人士大夫从心理上进一步深化了人生空幻意识。如《金刚经》所言：一切有为法，如梦幻泡影，如露亦如电，应作如是观。

人生空幻感包含两个方面的含义：一是历史的空幻，亦即时代的空幻。所有的王朝繁盛、烈火烹油都有结束的一天，开端越是热闹，结局越是凄凉，这不仅在真实的历史中常常上演，也是普通人心中常有的悲凉情感。《红楼梦》中，四大家族前面的喧闹与后来的败落宣示的就是作者心中深深的悲凉感。二是生命的空幻，亦即个体的易朽与脆弱，命运的无常与起伏是其具体表现。人生无常和易逝，但人类有情感有思想，对于所经历和易失去的会产生非常多的联想与思考。人生的空幻于是和时代的空幻相结合，形成中国文人特有的历史人生空幻感。这又与佛教的空幻联系起来，但是如果没有中国历史所提供的丰富的素材，也许古人对空幻感的体会还没有这么深刻，在我国古代文学艺术作品中，对空幻感的描写也就不会如此众多和深入。

（二）空幻感在文本中的体现

由于中国古代历史治乱相继，《史记》表现出的命运感也是历史空幻的体现，因此可以说历史的空幻感实际上已经成为中国文人共同的情感沉淀。他们在内心深处对历史人生的空幻感是认同的，因此在进行创作的时候，这种空幻感往往会在作品中流露出来。而读者也能理解这种空幻感，并与之产生共鸣。这种空幻感在我国古代文艺作品如怀古诗、小说和戏剧中均有体现，其中历史题材的作品表现得尤为深刻。

1. 怀古诗

怀古诗最能体现历史空幻感的地方在于诗人往往借物抒情。所借之"物"或是一处古迹，或是一段历史，或是一位古人，在经过今昔对比之后，诗人往往体悟到风物常在，而人事无常。怀古诗往往内容比较沉重，诗人表面上抒发的是时光之叹,实则是人生空幻之叹。这种题材所引发的情绪感受不是悲哀和惨切,而是人身处茫茫宇宙天地的渺小和无奈,是永远也无法把握时空生命的悲凉。

以李白和杜甫的怀古诗为例。李白和杜甫代表了中国诗歌的两种风格,一个浪漫,一个现实,但是他们都写出过极好的怀古诗,甚至使用过几乎一样的题材进行怀古。李白的诗是这样的:

江上吟

木兰之枻沙棠舟,玉箫金管坐两头。
美酒樽中置千斛,载妓随波任去留。
仙人有待乘黄鹤,海客无心随白鸥。
屈平词赋悬日月,楚王台榭空山丘。
兴酣落笔摇五岳,诗成笑傲凌沧洲。
功名富贵若长在,汉水亦应西北流。①

这首诗延续了李白一贯的风格和特色,用词夸张,抒情自由,一气呵成,气势豪放。近流水而感时序的流逝,体悟历史的苍茫。本诗虽以奔放的激情渲染人间的华丽,但仍然令人感到人生空茫。只是李白把这一重悲凉又化入了个人的自信和超越历史的想象。

杜甫的诗这样写:

咏怀古迹五首(其二)

摇落深知宋玉悲,风流儒雅亦吾师。
怅望千秋一洒泪,萧条异代不同时。
江山故宅空文藻,云雨荒台岂梦思?

① 刘开扬、周维扬、陈子健:《李白诗选注》,上海古籍出版社1989年版,第30页。

最是楚宫俱泯灭,舟人指点到今疑。①

这首诗用了和李白《江上吟》相似的题材,面对流水,诗人感叹今古兴亡与人生空幻,并且杜甫也运用了相似的起兴点,提到了楚国君臣,提到一切俱已成空,唯有才华出众的人被人所怀念,所有的兴衰荣辱都已经不见影踪,甚至了无痕迹。杜甫的诗歌风格沉郁顿挫,此诗也在沉郁的情绪中感叹历史人生的空幻和后人面对历史遗迹的茫然心绪。

宋词的人生空幻感更为强烈,如苏轼《赤壁怀古》以三国赤壁大战之煊赫对比如今的孤清寂寥,词末作结"人生如梦,一尊还酹江月"。历史如梦,人生亦如梦。当然,有些怀古诗词亦别有怀抱处,本书在此不做阐释。

2. 小说

与诗歌相比,小说对人物和情绪的描写更为完整。对空幻感进行具体而详尽的描写是从中唐以后的传奇开始的。唐传奇中的空幻感明显与中唐以后社会动荡、佛教兴盛的背景相关。唐宋小说中,对人生空幻感进行描述的典型作品是《吕翁》(即《枕中记》)和《淳于棼》(即《南柯太守传》),这两个故事的结构框架大致相似,都写主人公以幻梦形式进入荣华富贵的场景,最终一无所获,进而感悟到人生空幻。

《吕翁》的故事讲述"邑中少年卢生"道遇吕翁,表达自己"当建功树名,出将入相,列鼎而食,选声而听,使族益茂而家用肥"的志愿。在吕翁的安排下,卢生进入了另一个世界,在这个世界中,他得到了他所向往的一切。先是娶了崔姓女(即在唐代人人向往的"五姓女"),又赢得高官显爵,甚至还立下军功,真正做到了"出将入相"。但是功高遭嫉,不久卢生受到中伤,遭到贬黜,好不容易慢慢重得升迁,又被同朝者诬指"与边将交结,所图不轨",府吏"追之甚急"。这时的卢生感到万分后悔,他哭着对妻子说:"吾家本山东,良田数顷,足以御寒馁,何苦求禄?而今及此,思复衣短裘,乘青驹,行邯郸

① 仇兆鳌:《杜诗详注》,中华书局1979年版,第1501页。

道中,不可得也。"①这与李斯死前的感叹几乎一致。不久,在别人的帮助下,卢生被免了死罪,继续他官高爵显的生活,连他的五个儿子也做了高官,一家上下享尽荣华,卢生到八十多岁死去。而后方知,这一切竟不过是卢生所做的一个梦罢了。旅舍主人在卢生睡前所蒸的黄粱米饭都还没有熟。卢生终于体会到了人生的无奈与空幻。他所经历的,是一个平常忙碌在人群中的人所无法体会到的。在梦中,卢生得以对个体生命进行整体把握,个体在世上所受的生、老、病、死之苦,卢生在梦中都一一经历,官场倾轧、人生险恶也浓缩到了梦中。作者以梦来昭示,从个体的生存到个体的毁灭,人所经历的不过是空幻的命运。

《淳于棼》讲述本是游侠之士的淳于棼,生日时邀请了朋友在宅南大槐树下饮酒而醉,恍惚中淳于棼被两位使者迎接到一块奇异的国土。在这个国家里,他受到盛情接待,国王把公主嫁给他,还将"政事不理"的南柯郡托付给他,让他的两个朋友辅佐他。南柯郡在新太守的治理下变得井井有条,百姓安居乐业。然而公主病死后,国王对淳于棼的宠信渐渐减少,最后在谣言的中伤下,淳于棼被逐。依然是迎接他的两位使者送他回去,待回到家中,淳于棼才发现自己的肉身正睡在床上,槐安国遭遇竟是南柯一梦。醒来后,淳于棼与友人在大槐树下挖掘,才发现槐安国云云,不过是槐树下的一个蚁穴而已。一切都是一场幻梦。由事业鼎盛到繁华落尽,个体在生存过程中并没有可以把握的东西,这是中国文化中的最典型的悲剧感。

这样的空幻感在唐以后的小说中继续延续,到明清,古代小说发展到顶点,对空幻感的描写也更为具体和生动,以《金瓶梅》《三国演义》《红楼梦》为代表。《金瓶梅》中,西门庆亦曾煊赫一时,最终却死于非命,家破人亡。认识到了人生的虚幻,西门庆之后孝哥皈依佛门。《三国演义》中,魏蜀吴从无到有,从弱到强,三国鼎立,好不热闹,其间的英雄功绩令人崇敬,结果是该走的都走掉,该去的都离去,三家归晋,历史不过又进入了另一轮循环而

① 李昉等编:《太平广记》,中华书局1961年版,第526—528页。

已。《红楼梦》也是如此,大观园中的姐妹风流云散,贾宝玉出家为僧。这些小说都讲述了人生悲欢离合带来的虚无感,以及生命虚无引出的悲剧感。《三国演义》开宗明义:

> 滚滚长江东逝水,浪花淘尽英雄。是非成败转头空:青山依旧在,几度夕阳红。　　白发渔樵江渚上,惯看秋月春风。一壶浊酒喜相逢:古今多少事,都付笑谈中。①

这是人世不易的规律,是历史的兴亡催生的人生空幻感。从一个宏观的角度看宇宙人生,更能体会到人生的悲剧气氛。

> 陋室空堂,当年笏满床;衰草枯杨,曾为歌舞场。蛛丝儿结满雕梁,绿纱今又糊在蓬窗上。说什么脂正浓、粉正香,如何两鬓又成霜?昨日黄土陇头送白骨,今宵红灯帐底卧鸳鸯。金满箱,银满箱,展眼乞丐人皆谤。正叹他人命不长,那知自己归来丧!训有方,保不定日后作强梁。择膏粱,谁承望流落在烟花巷!因嫌纱帽小,致使锁枷扛;昨怜破袄寒,今嫌紫蟒长:乱烘烘你方唱罢我登场,反认他乡是故乡。甚荒唐,到头来都是为他人作嫁衣裳!②

这样的对比凸现了人生的悲剧感,最终"为官的,家业凋零;富贵的,金银散尽;有恩的,死里逃生;无情的,分明报应。欠命的,命已还;欠泪的,泪已尽。冤冤相报实非轻,分离聚合皆前定。欲知命短问前生,老来富贵也真侥幸。看破的,遁入空门;痴迷的,枉送了性命。好一似食尽鸟投林,落了片白茫茫大地真干净!"③明清的长篇小说,常以历史的笔法代入,展现国家或

---

① 罗贯中:《三国演义》,人民文学出版社1979年版,第1页。

② 曹雪芹、高鹗:《红楼梦》,人民文学出版社1996年版,第18—19页。

③ 曹雪芹、高鹗:《红楼梦》,人民文学出版社1996年版,第86页。

家族的兴衰成败,展示个体人生的恍如幻梦,深化了对人生空幻的感知与体察。

3. 戏剧

戏剧与小说有相类似的地方,都有对故事的讲述,戏剧中对人生空幻的描写亦很多,尤其是取材于历史人物的戏剧。关汉卿的杂剧《关大王独赴单刀会》中有一段唱词:

> 水涌山叠,年少周郎何处也?不觉的灰飞烟灭。可怜黄盖转伤嗟,破曹的樯橹一时绝,鏖兵的江水由然热,好教我情惨切!(云:)这也不是江水,(唱:)二十年流不尽的英雄血!①

这段文字将历史兴亡的空幻感化入关羽面对长江、将赴险境时的感叹。李玉在《千钟禄》中写道:“收拾起大地山河一担装。四大皆空相,历尽了渺渺程途,漠漠平林,垒垒高山,滚滚长江。”寥寥数语尽诉山河变色引发的迷茫与悲切,也写出了权势富贵的易逝与虚无。这些唱词中蕴含的是古人对人生空幻的认同,其中也包含了佛教价值观的影响。

最能展现空幻感的戏剧是孔尚任的《桃花扇》。南明繁华,终成一梦,在时代的大变局中,任何人都无力挽回,任何努力都显得可笑与渺小,所以剧本结尾生旦虽然重逢,却并未团圆,因为悟透了人世的虚无和空幻,两人同时遁入空门。对应着历史命运的人生空幻感在故事中不断地被复制,并让历代读者产生了共鸣。

二、生死观:对生命的超越

生命既包括生的状态,也包括死的状态。《史记》中对个人生死的描写

① 胡忌:《元代戏曲选注》,上海古籍出版社1983年版,第47页。

颇多，历史人物的生死没有悬念感，因为对读者而言，他们的生死早已在历史中镌刻下来，永不更易。《史记》人物的死亡，有的是得以善终，对这种死亡方式，历史的记载往往是“某年，某某卒”；有的是为人所杀；有的是在变故中死去；有的是自己结束生命而死。在这么多的生死描写中，读者可以感受到《史记》中的“人”对生命的认知，看到个体在历史时空中的生存状态，从而生发无限的情感联想，并在理性上进行选择性接受或褒贬。生死是个体的生存状态，也体现个体对人生的审美观照。

(一)生命的美学价值

生命本身具有美学价值，这个美学价值除了体现在对他者生命的审视、感受、体悟上，还体现在对自身生命的把握、体验及选择上。因此《史记》带给我们的审美感受不仅来自那个时代的个体的生命状态，也来自作者本人对生命状态的美感体验。

1. 生命的无限可能性

个体在面对其他个体、对他者生命进行体察的时候，会深切体会到生命的丰富多彩和无限可能性。生命的无限可能就是世界的无限可能，受个人能力、精力及文化的影响，读者有时很难在生活中详尽地了解更多的生命，而历史、文学和艺术为读者提供了更多的窗口去更深入地了解他者生命。人类的精神产品让读者感受到，除了周围的世界以外，生命实际上充满无限的可能性，这种无限的可能性与个体自身的生命产生共振，让“我”发掘到自身生命的无限可能性。他者生命的丰富多彩则可以让个体进行审美欣赏，从而引发对自身生命可能性的思考，激发更多的生命活力来面对自己的人生。

他者的生命是自我所无法把握的，自我诚然可以在他者的生命中扮演角色，但所有的选择权仍然掌握在他者的手中。他者的生命历程会激发自我的想象，同时因为共为人类，他者的生命情感亦可以触发自我的生命情感，使自我体悟人生的意义或价值，得到审美快感。《史记》给予读者的就是这样一幅丰富多彩的生命画卷，历史人物在其中以其固有的形象展现出生命的无限可能性。

2. **生命的自由性**

人类对生命的最高审美追求，就是生命的自由和真实。个体的生命诚然短暂，生命的存在也是不自由的，是未经选择的生物学结果，但当生命得以诞生，个体便拥有了掌控自己生命的可能。就物质世界而言，人类掌控生命的力量是有限的，但从精神世界来看，人类的思想拥有的自由性，就是人类的生命拥有的自由性。这种自由性不是指随心所欲、毫无原则地任意行事，而是指个体通过对自己思想和行为的掌控，对生命及自身行为进行自主选择。这样的掌控和选择完全来自于个体自身的心灵和思想，它们或许会受到环境和文化，甚至强权与暴力的影响，但是所有的选择都需要由“我”做出，“我”是具体操作的执行者。个体精神对自由的要求使得人在社会中一旦遇到障碍性的事物，就会产生对抗性行为，当对抗激烈的时候，悲剧性的事件便有可能发生。

生命因自由而可贵，人类从自己的生命出发，去认识他者的生命、自然的生命和宇宙的生命，又进一步加深对自己的生命的认识，感受生命的真实存在，力求在生命的过程中获得意义和价值。人类在遵守生命基本规范的前提下，为自己的生命开辟道路，获得对生命的感受和体验，个体的情感被生命的历程牵系，从而获取真切的审美感受。《史记》中，给人印象深刻的人物往往也是那些生命力更为顽强、更不愿意受到束缚的人，他们自己选择生死，终其一生都受到自己内心信念和情感的牵引。

（二）审美文化对生命的看法

《史记》在史书的写作史上有开创性的意义，它也是作者自我情感的载体，展现了作者的思想。《史记》延续着中国文化对生命的一贯看法，启示着后世文人对生命的书写。

1. **生命是否有意义**

《史记》所展现出来的对生命最重要的体悟就是，世间还有超越于生命的存在。生命珍贵是人类的共识,但是《史记》却乐于描写不惧生死的人物及其行为,《史记》中的很多人以付出生命的方式表现了那个时代的中国人对生命的看法:道义重于生命。道义既包括国家之义,所谓"忠臣不事二主",也包括对他人的承诺、对知己的报答,正如侠士刺客们的舍身赴死。对他们而言,荣誉重于生命。在这样的情况下,生命就像一件衣服,随时可以舍弃。这种舍生取义的行为表现了人格之美,并逐渐成为一种德行,影响及教化着后人的生命观。

孟子说:"生亦我所欲也,义亦我所欲也;二者不可得兼,舍生而取义者也。生亦我所欲,所欲有甚于生者,故不为苟得也;死亦我所恶,所恶有甚于死者,故患有所不辟也。"①这是中国人欣赏的面对死生大节的态度,《史记》中的很多人实践了这样的生死观,这些人物也是备受司马迁赞誉的。后来的人们也以自己的行为或实践补充着这样的生死观。李清照说:"生当作人杰,死亦为鬼雄。"文天祥说:"人生自古谁无死,留取丹心照汗青。"

从审美欣赏的角度看,中国人一直赞佩壮烈人生,英雄烈士是文艺作品常常描写的对象,评书里有《精忠说岳》和《杨家将》的故事,戏剧舞台有《精忠谱》《精忠旗》等。我们欣赏慷慨就义的节烈之士,因为他们符合中国人的审美心理。

2. 超越于生命的存在

从朝代的更迭到历史的循环,读者可以感受到人生的空幻,但是在这空幻的世界中,读者对世界的看法却是充满意义的,它需要个体以自己的力量来维护。《史记》体现了历史人物对生命的执着,对功业的探寻。司马迁本人也在生死面前做出了更有意义的选择。

孔子说:"未知生,焉知死?"人生诚然空幻,死后的世界更是未知的,但对生命却要有所追求,"知其不可而为之"。孟子说过,"穷则独善其身,达则兼善天下"。在生命的过程中,个体以不同的方式应对不同的处境,但对生

---

① 杨伯峻:《孟子译注》,中华书局 2012 年版,第 290 页。

命的态度应是有所追求、有所作为的。这里面包含为国家、为他人奉献的思想,历来为中国人所奉行。《史记》中多有这样的人物,他们可以为国家、为他人牺牲自己,而这样的价值观也已内化入我们的审美观中。清代名臣林则徐的名言“苟利国家生死以,岂因祸福避趋之?”也是这种审美观的延续,得到了后来者的一致赞许和不断引用。

庄子说:“人之生,气之聚也;聚则为生,散则为死。”①对生死持顺其自然的态度,不惧生,亦不畏死。中国文化一直赞许这样的人生态度:需要为正义而死时,毫不犹豫;需要为宏大的理由而献身时,亦觉得理所应当。生死面前不作悲戚之态,从容周旋——这也是中国文化中理想的生命态度。所以《史记》中视生死如无物的人物在中国人的审美视野中并不是孤立存在的,他们承前启后,是国人的审美对象中的系列存在之一。

第三节　文本作品的审美选择

审美选择指审美活动中个体的行为判断与抉择,这种选择既是主体性的选择,亦是读者的审美心理选择。司马迁在写作时采用整体性视角对历史时代和人物生平进行描写,这在《史记》之后的叙事文本和作品中也是习惯性的写作方式。

一、整体性:审美观照的角度

在面对艺术品的时候,整体性观照是进行创作及审美的一种基本方式,亦是读者进行审美及观察选择的特有角度。

---

① 陈鼓应:《庄子今注今译》,中华书局1983年版,第559页。

(一)历史角度影响下的整体性思维

《史记》开启了以纪传体记录历史的传统。所谓“史贵于文”,意指真实的确切发生过的史实在价值和作用上更高于虚构的文字。章学诚说:“六经皆史也。古人不著书,古人未尝离事而言理,六经皆先王之政典也。”①流传下来的经典都被古人视作历史中的事实,这个史实可能是事件性的,可能是人物性的,可能是思想性的,也可能是言论性的。这实际上表明,历史除了具有记录已经发生过的事件的作用外,同时也对人类的思想有着莫大的影响,尤其对于中国人来说,经史的重要意义不言而喻。历史以整体性的面貌出现,影响着很多相关领域,也影响着中国人看待其他领域的眼光,或者可以说,历史与某些领域是可以合并起来进行观照的,这个领域也包括审美领域。

1. 历史的整体性面貌

人类从何时开始记录历史已经不可确考,不过人类对历史记录的兴趣应该来自于对人的经历本身的兴趣。历史本身具有与审美相似的某种属性,即非功利性。历史的非功利性源自其已然性和真实性,从这个角度来看,历史的存在隔绝了有所求的功利目的。我国的历史记事有所谓“春秋大义”的说法,“春秋大义”含有褒贬取舍,示人以教化,有以史为鉴的含义在其中,这是历史记录的意义寻求,也是史官的职责所在。

以史为鉴指的是史书以前代得失为后代经验教训的作用,这一作用带有某种意义上的功利性目的,但这个作用其实只对部分读者有效,因为对大多数读史者来说,读史所得的,更多是对历史人生的感叹。所谓历史阅读,亦含有审美阅读的意义。这种审美阅读的意义在于通过审视不同时空中人的人生,可以激发读者的情感,而历史本身给予观赏者的视角就是整体性的。历史作为镜鉴的作用并不是那么显著,否则就不会有中国历史的循环

① 章学诚:《文史通义》,吕思勉评,上海古籍出版社 2008 年版,第 1 页。

论。从前代历史中汲取的教训往往只是平面的、肤浅的，更深的层面难以被触及。而且司马迁作《史记》时并没有突出这一目的，他更着重于对人本身的人格评价。因此《史记》成书，除了记录历史政治大事件之外，还记录了那一个时代的小人物的生命状态，当然也记录了大人物在历史事件中的情感与生活，从而使读者对那一个时代的人类生活有了审美性阅读的可能。《史记》贯通诸朝的纪传体通史写作方式，让读者得以对历史人生进行整体性观照。

历史是对人类所经历过的事件的集中记录，历史呈现给后人的就是整体性面貌。在历史中留下足迹的人物一生的整体性面貌或者重大历史事件的整体性面貌呈现于读者面前，读者会对历史人物形成整体性印象，所以历史总是完整呈现的。读者会从时间空间的角度，关注历史的缘起与结果，而历史事件之间往往会以环环相扣的因果形式呈现，前事影响后事，如此绵延不绝。如《史记》记录的秦汉间大事件，秦国经变法、奖励军功成为七国中最强大的国家，因此有力量统一六国。统一六国之后，秦始皇因其个人及时代原因，施行暴政，天下不满者众，他身死之后，宫人不敢将消息外泄，致使胡亥有了篡位的可能。二世即位后，暴政愈烈，陈涉首义，天下皆反，才有了前诸侯六国的反叛，有了“楚虽三户，亡秦必楚”。楚汉相争，各种人物纷纷登场，因为个人性格、运气、谋划等原因，刘邦夺得了最后的胜利。这是时代的大事件。个人历史也是这样，《史记》为人物作传，读者对历史人物的认识也如同对历史事件的认识一样，是从整体上对人物生平历程进行观照，最终形成对历史人物的形象认知。

2. 审美的整体性思维

因为历史传统与思想世界相互影响，历史的整体性面貌也相应地对读者的审美思维产生了影响。我国古代并没有审美的特定概念，但是在中国文化中，审美是确切存在的，并且有自己的美学特质。中国文化的审美思维受历史传统思维的影响，读者在进行审美观照时往往倾向于从整体性角度出发。

《易经》中提到的“观物取象”对我国的美学思想有着深远的影响，对后来的诗论、画论皆有启发。而观物取象的方法就是“仰则观象于天，俯则观法于地，观鸟兽之文与地之宜”①，在天地间仰观俯察，整体性地对天地万物进行体察，最终获取心灵产物的“象”。《淮南子》有言：“靥酺在颊则好，在颡则丑。绣以为裳则宜，以为冠则讥。”②这是审美思想对整体性的要求，美在于整体形象，讲求合适，而不在于漂亮的局部。

中国山水画讲究“三远”：

> 山有三远，自山下而仰山颠谓之高远，自山前而窥山后谓之深远，自近山而望远山谓之平远。高远之色清明，深远之色重晦，平远之色有明有晦；高远之势突兀，深远之意重叠，平远之意冲融而缥缥缈缈。其人物之在三远也，高远者明了，深远者细碎，平远者冲澹。③

不管是高远、深远还是平远，都是从整体的角度观察山水，然后将自然山水整体性绘入画幅。中国山水画是不太讲究透视感的，而更在意把整体山水之势放在画中，使我们可以在一幅画中尽得山水之美。

苏轼在《文与可画〈筼筜谷偃竹〉记》中说：

> 竹之始生，一寸之萌耳，而节叶具焉；自蜩腹蛇蚹，以至于剑拔十寻者，生而有之也。今画者乃节节而为之，叶叶而累之，岂复有竹乎？故画竹必先得成竹于胸中，执笔熟视，乃见其所欲画者，急起从之，振笔直遂，以追其所见，如兔起鹘落，少纵则逝矣。与可之教予如此。予不能然也，而心识其所以然。夫既心识其所以然，而

① 《周易》，宋祚胤注释，岳麓书社 2001 年版，第 346 页。

② 《淮南子》，陈广忠译注，中华书局 2012 年版，第 1012 页。

③ 郭熙：《林泉高致》，周远斌点校，山东画报出版社 2010 年版，第 51 页。

不能然者,内外不一,心手不相应,不学之过也。故凡有见于中,而操之不熟者,平居自视了然,而临事忽焉丧之,岂独竹乎?①

所谓"成竹在胸",首先是要对所描画的对象有一个全面的整体的把握,然后方可将之化为心中的意象,最后再以技巧在画纸上展现出来。先以整体性角度审美,然后以整体性角度化入意象,再整体性画进图画。创作如此,审美亦然,国人崇尚的所谓"境界""神韵",都是从整体性的角度对审美对象进行观照及深层把握而得出的概念。

(二)整体性角度下的审美视野

从整体性角度进行审美活动时,我们通常会从审美对象以下两个方面的整体性着眼。

1. 时空的整体性

时空的整体性强调对过程与结果的关注。史书对时间和空间的记录是比较精确的,《史记》纵贯三千多年的历史,若要在记录中丝毫不乱,时空与事件和人物必得一一对应,时间从始至终,人物从出到没,俱要叙其首尾。

读者在欣赏叙事性或抒情性文学作品时,往往也习惯于欣赏具有时空整体性的文字。如在戏剧方面,我国的戏剧作品和历史有天然的相通性,古代戏剧中有很多作品是对历史故事的书写。戏剧的表现方式类似于史书为人物一生立传,多叙及事件首尾,元明戏剧于此体现得尤为明显。中国人在欣赏戏剧时喜欢大团圆的结局,这也隐含着对事件过程及结局的关注及对时空整体性的习惯性采纳。《史记》故事入戏剧者甚多,"元杂剧中取材于《史记》的就有 180 多种。明清以后剧目也不少,而且,地方戏中编演《史记》故事的剧目更多,仅京剧就有 100 多个"②,概因《史记》的传记式叙事和司马

① 曾枣庄、曾弢:《苏轼诗文词选译》,凤凰出版社 2011 年版,第 231—232 页。

② 张新科:《〈史记〉与中国文学》,商务印书馆 2010 年版,第 135 页。

迁的“爱奇”使其文本具有比较强的戏剧性。

在诗歌方面，诗人在面对江山形胜之时，往往从一个时空点牵连出千年的岁月和光阴，在相同的空间感悟不同时间的变化，这是时空整体性带来的联想。陈子昂《登幽州台歌》云：“前不见古人，后不见来者。念天地之悠悠，独怆然而涕下。”天地悠悠，时空变幻，古往今来，独余一人耳。这是整体性观照下独属于中国诗人的美学感悟。诗人把江山形胜与千年岁月连成一片，自天地宇宙的高度观照历史人生，慨叹生命的短暂与永恒。短暂的是个体的生物性生命，永恒的是宇宙中生生不息的情感，这情感由历史中的人物事件代代引发，把属人的生命连成一体，铸就永恒的审美情感和审美情趣。

2. 形象的整体性

司马迁的父亲司马谈在《论六家要旨》中说：“凡人所生者神也，所托者形也。神大用则竭，形大劳则敝，形神离则死。死者不可复生，离者不可复反，故圣人重之。由是观之，神者生之本也，形者生之具也。不先定其神，而曰‘我有以治天下’，何由哉？”①这是一位历史学家对形神的看法。形和神本来是一个整体，不可偏废，神必须要有形可托，方能表现于外，而神乃是事物的本质。因此我们在进行审美观照时，不管审美对象是文字、图像还是音乐，都要注重形神的整体性。形神统一，方能形成完整全面的形象。

中国美学要求作品形神兼备，最终能融合为独立统一的审美形象。在形神这个整体中，神的传达更为重要，一切的形式都是为了更好地传达神而存在。《淮南子》明言对形神统一的要求，称：“夫形者生之舍也，气者生之充也，神者生之制也，一失位则二者伤矣。”②《史记》于形神兼备做得极好，模拟人物声口十分生动，常于细节中见出人物的精神本质。陈涉在发迹前后的反应，活画出其个性及人情世态中常人在富贵后的常情。张仪被打之后检查舌头，是他身为游说之士的自然反应，也表明了他本人对以口才取富贵

① 司马迁：《史记·太史公自序第七十》，中华书局1959年版，第3292页。

② 刘安：《淮南子》，陈广忠译注，中华书局2012年版，第49页。

的信心。《史记》中的描写及论断抓住了人物之“神”，体现了人物的个性神采。后来的叙事性文字也以形神兼备为目标，力求塑造出人物之神，如唐传奇中的张生与莺莺、李娃、柳毅等，明清小说中的西门庆、潘金莲、贾宝玉、王熙凤等，提到这样的人物，我们马上就可以联想到他们的事迹，从中想见他们的各种性格和神采。可见传神的角色可以引起观者对这一类人物的形象和神采的想象。

二、道德感：美感判断的前提

道德是一种价值观，是人类对自身行为的规范，它通过人类的自律性和自我规范，以及群体认可的价值判断和文化约束来发挥作用。在道德层面上，人类更关注个体之间的关系以及个体在社会中的行为。审美不能等同于道德判断，但是在中国文化影响下的审美知觉中，道德会通过理性判断对审美判断施加影响，个体的情感触发往往会受到理性判断或者理性控制下个人的道德底线的影响。中国人的美感取向一般走向两条路径：一是以道家美学思想为主导，主要体现在以视知觉为主的艺术品中，比如绘画、园林景观等，它们强调融汇天地精神，展现中国美学的空灵飘逸之美；一是以儒家美学思想为主导，主要表现在叙事性文艺作品中，突出展现人间秩序、世界万象，这一类作品的美感传达会受到儒家道德评价的影响。由于社会环境的泛道德化，中国人对文本的美感取向，或者说对人物事件的美感取向多受到道德评价的影响。

《史记》以书写历史的方式，将已经发生过的事件及已经存在过的人和人类社会展现给读者看，也将彼时人在社会人群中的行为展现出来。如前文所述，《史记》在行文中常以情感辅以议论，对其展现的人类社会和人物进行道德评价，这种道德评价是以当时社会普遍的价值观为基础，以作者的情感好恶为指导的。同时这种道德评价也深深地影响了后来者的美感取向，或者说道德判断与中国人的审美观已经结合在一起，对应着中国人对美丑好恶的感受。

（一）《史记》中的道德判断

司马迁本人有侠气，好奇尚义，又曾博览群书，游历各地，对人情世故、社会人生有比较深刻的认知。而他的不幸遭遇让他对世态炎凉亦有深刻的体悟，形成了特有的道德判断体系。司马迁据此对《史记》中的人物寓以褒贬，其褒贬指向从以下两个方面着眼：

1. 人与人之间的关系

《史记》中，人与人之间的关系以崇“义”为先，司马迁赞扬那些为了“义”而不惜牺牲生命的人，从后世读者对《史记》的审美阅读来看，《史记》中的“义人”也是接受度最高的。

例如“赵氏孤儿”的故事。这个故事在《左传》中亦有记载，但《左传》与《史记》的记述重点完全不同，甚至连史实也有差别。《左传》以权力争夺为中心，描写赵氏遭受迫害的经过，其中并不涉及对人物的道德褒贬。《史记》则以人的行为和感受为中心，描写高尚的人救孤存孤的故事。公孙杵臼为救孤牺牲生命，程婴自行污名化，存孤之后，又出于“义”的选择而自尽。这个故事在元曲中有纪君祥的《赵氏孤儿》加以表现，法国人伏尔泰据此写出了《中国孤儿》。公孙杵臼和程婴忠于故主，不畏强权，为了道义宁愿牺牲自己的生命，其道德化的人格在审美观赏中迸发出耀眼的光芒，显示出人性的完美和高度，也使观众得到美的享受和情感的升华。

《刺客列传》中的人物，如豫让、聂政等，他们身上的“义”以一种惊心动魄的形式呈现，让人震撼，叹为观止。同时他们所遵奉的“义”非指对国家民族之大情感，更多地指向对他人的承诺和报答。这对后来中国人的审美观亦产生了影响，中国人的家国情怀往往寄托在具体的物象或个体之上。后来的唐传奇、明清小说，如《三国演义》《水浒传》包括侠义小说《七侠五义》《施公案》等，多以这种方式规定人与人之间“义”的内涵，成为读者乐于接受的审美对象。

2. 个人的行事原则

《史记》对个人行事原则的道德判断主要体现在三个方面：一是推崇执着追求、坚持道义的行为；二是推崇自尊的人格美；三是推崇无私的高贵品格。这三种行为成为个体人格审美中美的典范。

执着追求的代表人物是孔子和屈原。孔子在政治主张不能实施的情况下，依然坚持理想，致力于传道与教育弟子，其思想体系影响深远，是中国文化中的主流，孔子本人也成为"万世师表"。屈原不愿违背本性，不愿远离故国，最终以身殉道，成为我国审美人格中宁为玉碎、不为瓦全的高洁的知识分子代表。此外还有伍子胥。伍子胥一心为父兄复仇，此心不渝，虽然其行为有为后人诟病处，但《史记》对他的评价仍然是他具有"烈丈夫"的人格。

坚持道义亦是《史记》所赞扬的品格，也是后世读者认同的审美人格。彭越因谋反被杀，官方禁止世人为之收葬，栾布却因受过彭越恩惠，公开为彭越哭泣。主父偃势大之时，众人依附，而他一旦被杀，却无人理会，只有孔车收葬之，汉武帝也称其为长者。坚持道义，不为外物所左右，是中国人敬仰的审美人格。

自尊型人物对自身的价值非常看重，这样的人往往是能力很强却时运不济的人。他们不管身处何种境地，都要维护自己的尊严。这是中国人所欣赏的个体的行为原则。如项羽和李广，失败与被判罪是他们所不能接受的，他们的尊严不允许自己苟活偷生，所以在失去生命和丧失尊严之间，他们选择赴死。豫让坚持刺杀赵襄子，明知不可为而为之，一是为报答智伯以国士相待的知己之恩，满足自身获得尊严和价值的需求；二是为既定目标不惮于死，亦属为自己的尊严而战。

司马迁本人也是这样的人，他唯一允许自己活下去的理由就是还有更重要的事情要做，个人尊严排在生命之上，儒家"立言"理想的"成一家之言"更高于自身荣辱。由这一层面生发，可引出更高的审美人格：忘我、无私。更伟大的视野、更高的价值取向使个体趋向弃小我，归大我。这种价值取向也是后世读者所认可的审美人格，发展到现代，武侠小说中的侠士行为又有了道德上的升华:侠之大者,为国为民。把"我"的自我道德准则上升到了一个更高的层次。"我"可以为更多的人奉献自己,也有能力去做奉献,去影响历史和社会,这是道德上的最高人格,也是被中国人广泛接受的审美人格。

3. 道德判断在审美中的体现

审美中,道德判断是一种价值判断,审美本身就包含了价值判断的内容。中国人一向有"文以载道"的传统观念,因而对写作者而言,不必在文字中隐藏自己的价值判断。以此为契机,读者亦有自己的情感追随和理性选择,在阅读文字的时候会根据内容产生自己的价值判断。

作者的审美观会通过与读者的审美判断在文本中相汇而发挥作用,读者借由作者描写的语句和其中蕴含的情感进行善恶是非的判断。同为面对死亡,豫让昂首不悔,从容赴死,而李斯悔不当初,苦不堪言,其间褒贬自然呈现,悔与不悔将人物的个性、心理、品格表露出来。汉文帝遗诏力倡节俭,期望天下晏然,秦始皇死后,身边人以臭鱼混淆味道,生怕引起变故,其帝王之道也是高下立判。周亚夫与邓通都命当饿死,他们都经历了极端的人生处境,一为大汉功臣,一为文帝佞幸。前者寄寓了作者对汉家制度的不满,读者对周亚夫的人生遭遇也是同情的;后者表达了作者对佞幸得势的不忿,读者对邓通的结局虽感慨但也觉理所当然。

朱光潜说:"道德是应付人生的方法,这种方法合式不合式,自然要看对于人生了解的程度何如。没有其他东西比文艺能给我们更深广的人生观照和了解,所以没有其他东西比文艺能帮助我们建设更完善的道德的基础。"① 通过品味文艺作品中人的行为,读者自然得出对人物品格的价值评价,进而产生美感。对美德的赞颂、对恶行的鄙弃,再没有什么能比历史故事表现得更明显。

(二)道德判断在中国审美体系中的作用

通过道德判断对我国的文艺作品发挥作用的并不只有《史记》,《史记》

① 朱光潜:《文艺心理学》,复旦大学出版社2009年版,第119页。

只是这个传统延续过程中的作品,在我国的文艺作品,尤其是古代的文艺作品中,道德判断是作品得以成立的基础。

1. 道德评价作为审美体系的底色

审美体系建构于形式化的审美对象之上,所有的审美对象都需要通过外在形象进行具象的建构和展现。就文字而言,这个审美体系包括对语言、文字、结构、内容的审美;就图画而言,包括对色彩、线条、构图等的审美;就音乐而言则包括对旋律、音色等的审美。但是在对审美对象进行审美的时候,最重要的前提是审美对象存在,即审美对象必须是成立的,是被审美者接受的,审美体系才有建构的可能。《史记》中,作者对历史人物进行褒贬评价,也就是说在作者的写作中,作者自身的评价标准是其选择和评判人物的基础,对读者而言,其对人物美丑的判断亦来自作者的道德判断和社会的道德判断。《史记》不是以审美为目的而创作的,但是《史记》这种寓道德判断于人物褒贬评价的做法也影响了古代叙事文学的写作。道德上存在瑕疵的人物固然可以在文本中存在,但是他们却摆脱不了作者及读者的道德评判。也就是说,创作中的道德判断往往是先于审美判断存在的,这在叙事性审美对象身上表现得更加突出。

唐传奇中,元稹《莺莺传》讲述张生与莺莺的爱情故事,这个故事以张生始乱终弃为结局,其道德评价上的合理性似乎是无法成立的,但是元稹以另一种道德标准作为成文的基础:

> 大凡天之所命尤物也,不妖其身,必妖于人。使崔氏子遇合富贵,乘娇宠,不为云为雨,则为蛟为螭,吾不知其变化矣。昔殷之辛,周之幽,据万乘之国,其势甚厚。然而一女子败之。溃其众,屠其身,至今为天下僇笑。予之德不足以胜妖孽,是用忍情。①

① 王实甫:《西厢记》,金圣叹评点,李保民点校,上海古籍出版社2016年版,第204页。

后来元杂剧干脆改掉了这个始乱终弃的结局，加上了大团圆的尾巴，使之更加符合中国读者的审美习惯。

唐代贯休擅画罗汉，所画罗汉对后代书画影响很大。自吴道子以后，很多书画名家还喜欢画钟馗。这些人物虽然外貌奇崛丑陋，但是在道德情操上是具有审美价值的，同时其外貌与实质道德情操的反差，更形成了审美张力。而道德败坏的恶人，是不会作为作品的主人公被描画出来的。音乐方面也是这样。我国古代极为重视乐教，庙堂之上皆是正大庄严之作，淫词艳曲在公众场合是受到鄙视的。乐教实际上也可以视为我国古代的审美教育。

2. 道德判断作为审美判断的价值标准

文艺创作是人类情感表达的产物，创作者在创作过程中会受到很多因素的影响，个体自身的道德判断和大时代下群体的道德判断都会影响创作者对创造物的选择和构思。道德判断实质是一种价值观，这种价值观会影响作者本身的好恶，被创作者视为不道德或者说不符合自身价值观的作品是不会问世的。与此相联系，大众的道德判断其实也构成了大众的审美判断，不符合大众道德判断的作品不会进入审美层面，除非时代的道德取向有了进一步的发展和变化，被大众道德判断尘封的作品才可能重见天日，进入审美视野。所以大众道德判断从另一个方面也影响了创作者的审美判断和审美选择。当然文本人物一定会有正面和反面的区别，真实的历史中更是会有所谓的“好人”和“坏人”存在，对他们的行为和人格的欣赏也会受到道德判断的影响，从这个意义上来说，道德判断会影响我们的审美判断，甚至审美结论。

《史记》通过它的审美形象和审美感受成为叙事性文艺作品中的重要典范，并对后世叙事性文艺作品的外在形态和精神内核产生颇多影响，在美学史上贡献了独有的美感和审美特性。

结语

结　语

《史记》因其体现出来的整体性美感和外在形态的艺术性而具有了审美意义。《史记》外在形态的艺术性既源于作者的情感性写作，亦源自其深厚的语言架构能力及对历史人物的形象把握。“史家追叙真人实事，每须遥体人情，悬想事势，设身局中，潜心腔内，忖之度之，以揣以摩，庶乎入情合理。盖与小说、院本之臆造人物，虚构境地，不尽同而可相通；记言特其一端。”① 司马迁并不以审美为目的而写作，但其主体性情感的介入以及“一家之言”的人物评价，客观上形成了文本的审美形象和美感，为历史形象转变为审美形象建立了一个审美世界，又通过审美世界向读者传达了整体性审美感受。《史记》所传达的整体性美感是雄浑的命运感和历史感，命运感通过作者的人生感喟和选择性书写、情感性投入而表现出来。历史著作描写时代和人物的命运，其命运感可以形成美感，这种美感来自作者对宇宙人生的普遍性感悟，对时间对事件的思考。读者与作者心灵相通，共同对审美形象产生审美感悟，这也是在共同的文化土壤中所习得的审美心理同构性，这种审美心理的同构使得《史记》和若干审美现象共同构成具有相似性或相关性的审美图景。劲健是《史记》的另一重审美感受，体现为《史记》情感表现的明确健朗和叙事的简劲传神。

本书为《史记》研究提供了一个视角，是对《史记》进行美学研究的一种探索，即从《史记》的审美特质着手进行研究。《史记》的价值是世所公认的，作为一部史书，《史记》的价值首先体现在史学方面，它为我们留下了那一个时代的历史记录。同时，由于我国有“史贵于文”的传统，古代史学家往往也

① 钱钟书:《管锥篇》，中华书局 1979 年版，第 166 页。

是文学家,他们有着深厚的文学造诣和写物象形能力,这一点在司马迁身上体现得尤其明显。后人曾论班、马优劣,这个命题已经成为《史记》研究中的一个著名的命题。诟病《史记》的人认为,作者在其中投入情感太多,过于爱奇,有夸饰、"谤书"之嫌,但这恰恰是《史记》最大的美学价值所在。

《史记》除了固有的历史价值、文学价值,还有一定的美学价值。美学价值,也即审美价值,它使《史记》具有观赏性,其包孕的情感和思想连通并启迪着后人的情感和思想,并且从中可以本质性地抽取出时代的精神和情感。

参考文献

[1]司马迁.史记[M].北京:中华书局,1959.
[2]班固.汉书[M].北京:中华书局,1962.
[3]杨伯峻.论语译注[M].北京:中华书局,1958.
[4]朱谦之.老子校释[M].北京:中华书局,1984.
[5]陈鼓应.庄子今注今译[M].北京:中华书局,1983.
[6]刘孝标.世说新语笺疏[M].余嘉锡,笺疏.上海:上海古籍出版社,1993.
[7]杨明照.文心雕龙校注[M].北京:古典文学出版社,1958.
[8]刘知几.史通[M].浦起龙,通释.吕思勉,评.上海:上海古籍出版社,2008.
[9]章学诚.文史通义[M].吕思勉,评.上海:上海古籍出版社,2008.
[10]郭熙.林泉高致[M].梁燕,注译.郑州:中州古籍出版社,2013.
[11]张彦远.历代名画记[M].杭州:浙江人民美术出版社,2011.
[12]窦亚杰.石涛画语录[M].杭州:西泠印社出版社,2006.
[13]祖保泉.司空图诗品解说[M].合肥:安徽人民出版社,1980.
[14]王国维.人间词话[M].徐调孚,校注.北京:中华书局,2009.
[15]宗白华.美学散步[M].上海:上海人民出版社,2005.
[16]叶朗.美学原理[M].北京:北京大学出版社,2009.
[17]叶朗.中国美学史大纲[M].上海:上海人民出版社,1985.
[18]杨春时.美学[M].北京:高等教育出版社,2004.
[19]陈望衡.20世纪中国美学本体论问题[M].武汉:武汉大学出版社,2007.
[20]王振复.中国美学史新著[M].北京:北京大学出版社,2009.

[21]徐复观. 中国艺术精神[M]. 北京:商务印书馆,2010.

[22]徐复观. 两汉思想史[M]. 北京:九州出版社,2014.

[23]张法. 中国美学史[M]. 成都:四川人民出版社,2006.

[24]张法. 中西美学与文化精神[M]. 北京:北京大学出版社,1994.

[25]张法. 中国文化与悲剧意识[M]. 北京:中国人民大学出版社,1989.

[26]唐君毅. 文化意识与道德理性[M]. 霍韬晦,编选. 北京:中国社会科学出版社,2005.

[27]李泽厚. 华夏美学·美学四讲[M]. 增订本. 北京:三联书店,2008.

[28]叶秀山. 美的哲学[M]. 重订本. 北京:北京联合出版公司,2016.

[29]劳思光. 新编中国哲学史[M]. 北京:三联书店,2015.

[30]胡经之. 中国古典美学丛编[M]. 北京:中华书局,1988.

[31]葛兆光. 中国思想史[M]. 上海:复旦大学出版社,2001.

[32]朱光潜. 文艺心理学[M]. 上海:复旦大学出版社,2009.

[33]朱光潜. 悲剧心理学:各种悲剧快感理论的批判研究[M]. 张隆溪,译. 北京:人民文学出版社,1983.

[34]余英时. 士与中国文化[M]. 上海:上海人民出版社,1987.

[35]鲁迅. 中国小说史略[M]. 天津:百花文艺出版社,2001.

[36]周谷城. 史学与美学[M]. 上海:上海人民出版社,1980.

[37]石昌渝. 中国小说源流论[M]. 修订版. 北京:三联书店,2015.

[38]陈平原. 千古文人侠客梦[M]. 北京:北京大学出版社,2010.

[39]陈平原. 中国小说叙事模式的转变[M]. 北京:北京大学出版社,2010.

[40]李桂奎. 中国小说写人研究[M]. 北京:三联书店,2015.

[41]李长之. 司马迁之人格与风格;道教徒的诗人李白及其痛苦[M]. 北京:商务印书馆,2011.

[42]张大可. 史记研究[M]. 北京:商务印书馆,2010.

[43]张新科. 史记概论[M]. 西安:陕西师范大学出版社,2009.

[44]杨燕起,陈可青,赖长扬. 历代名家评《史记》[M]. 北京:北京师范大学

出版社,1986.
[45]张大可.司马迁评传[M].北京:商务印书馆,2013.
[46]韩兆琦.史记讲座[M].桂林:广西师范大学出版社,2008.
[47]陈曦.《史记》与周汉文化探索[M].北京:中华书局,2007.
[48]杨树增.史记艺术研究[M].北京:学苑出版社,2004.
[49]刘宁.《史记》叙事学研究[M].北京:中国社会科学出版社,2008.
[50]黑格尔.美学[M].朱光潜,译.北京:商务印书馆,1979.
[51]康德.判断力批判[M].邓晓芒,译.杨祖陶,校.北京:人民出版社,2002.
[52]阿多诺.美学理论[M].王柯平,译.成都:四川人民出版社,1998.
[53]李斯托威尔.近代美学史评述[M].蒋孔阳,译.合肥:安徽教育出版社,2007.
[54]海德格尔.存在与时间[M].陈嘉映,王庆节,译.北京:三联书店,1987.
[55]海德格尔.林中路[M].孙周兴,译.上海:上海译文出版社,1997.
[56]卡西尔.人论[M].甘阳,译.上海:上海译文出版社,1985.
[57]汤因比.历史研究[M].曹未风,等,译.上海:上海人民出版社,1997.
[58]叔本华.作为意志和表象的世界[M].石冲白,译.杨一之,校.北京:商务印书馆,1982.
[59]尼采.悲剧的诞生[M].周国平,译.北京:三联书店,1986.
[60]亚理斯多德,贺拉斯.诗学;诗艺[M].罗念生,杨周翰,译.北京:人民文学出版社,1962.
[61]鲍桑葵.美学史[M].彭盛,译.北京:当代世界出版社,2007.
[62]卡罗尔.超越美学[M].李媛媛,译.高建平,校.北京:商务印书馆,2006.
[63]韦尔施.重构美学[M].陆扬,张岩冰,译.上海:上海译文出版社,2006.
[64]韦勒克,沃伦.文学理论[M].刘象愚,等,译.南京:江苏教育出版社,2005.